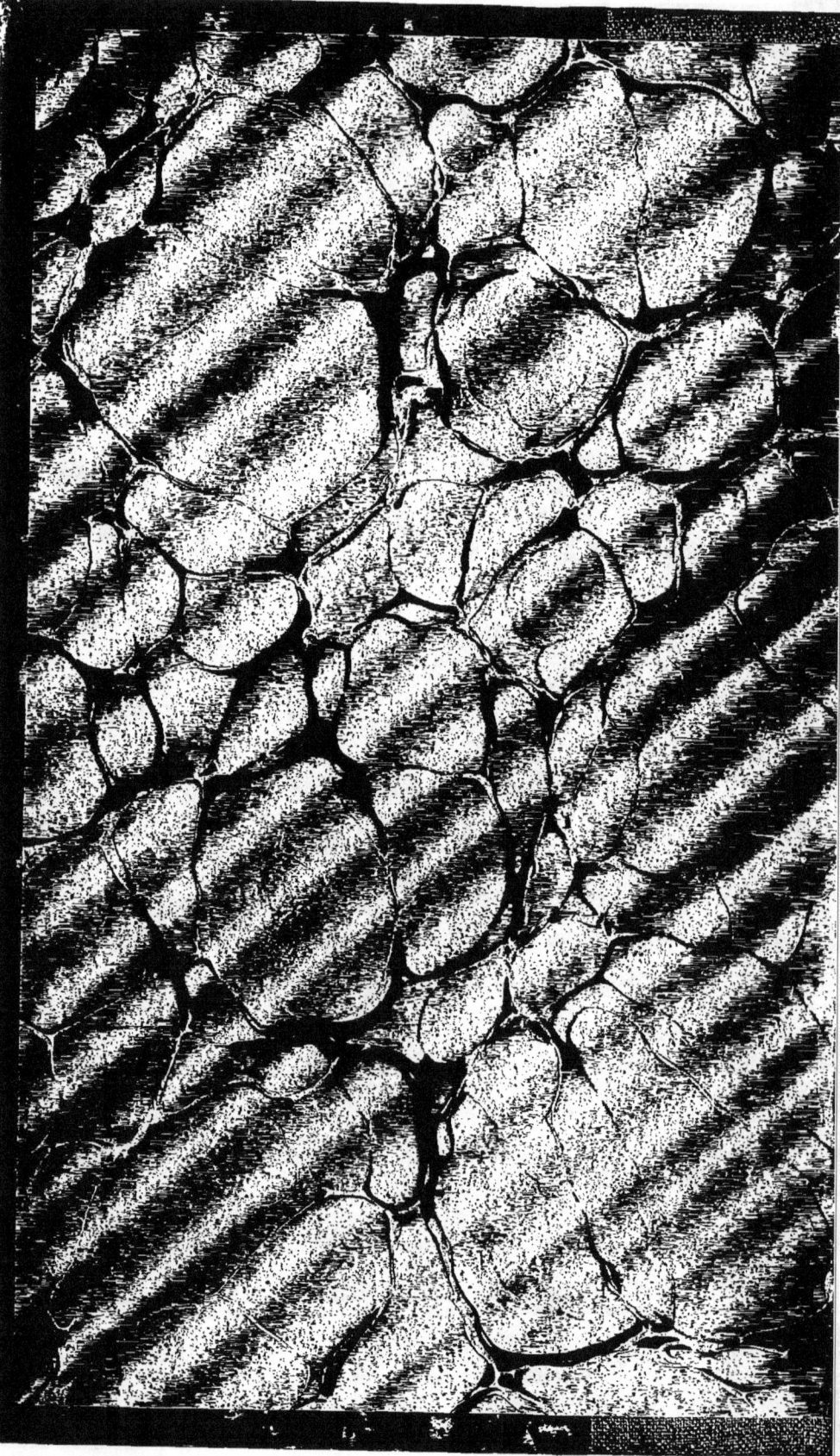

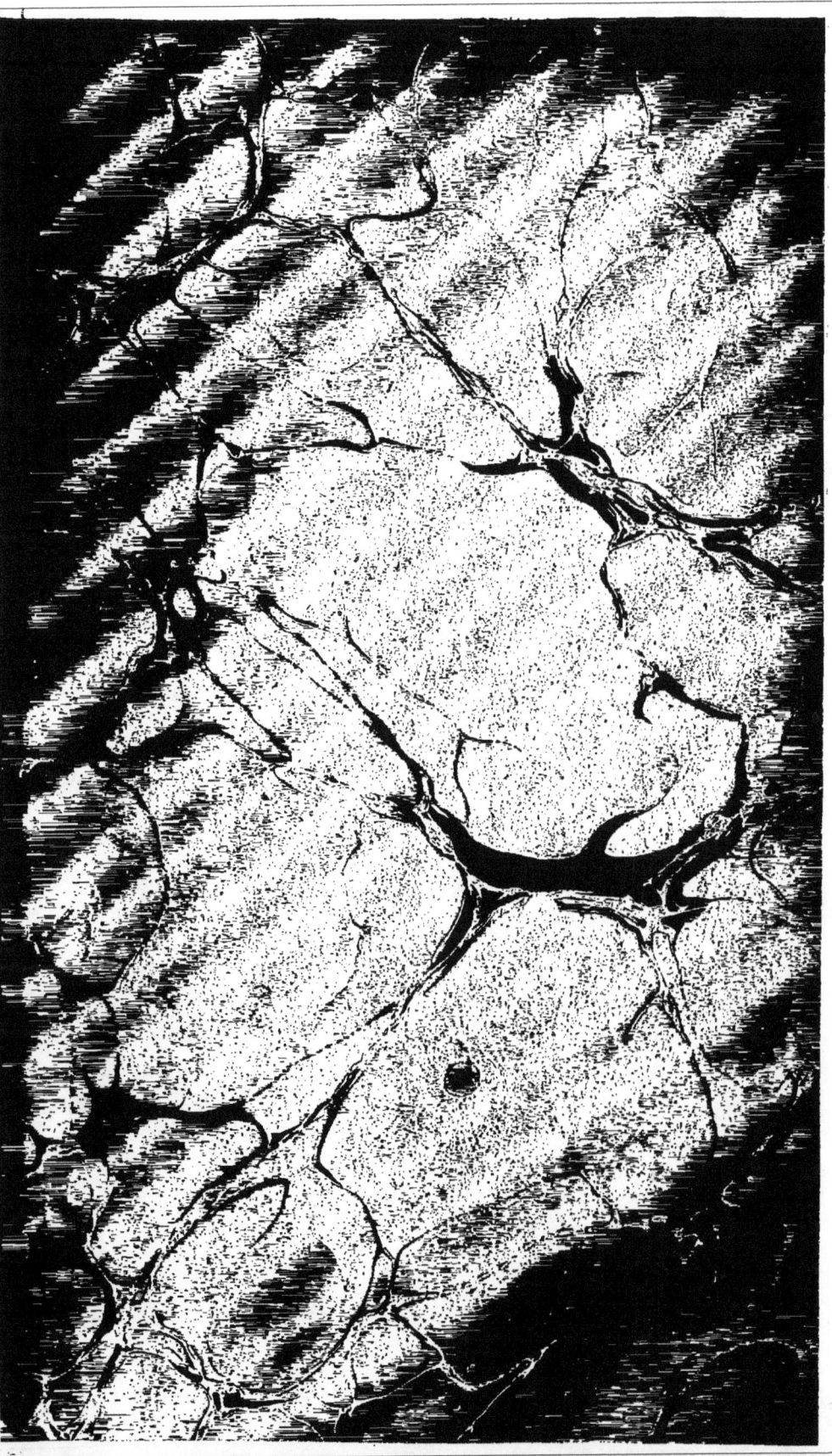

NOTICE BIOGRAPHIQUE

SUR MADAME

HUNAULT DE LA CHEVALLERIE

Née de BLOM

1811-1880

SUIVIE D'UN APERÇU GÉNÉALOGIQUE SUR

LA FAMILLE H. DE LA CHEVALLERIE

AMIENS

ROUSSEAU-LEROY, IMPRIMEUR-ÉDITEUR

16, rue Saint-Fuscien, 16

1885

NOTICE BIOGRAPHIQUE

SUR

MADAME HUNAULT DE LA CHEVALLERIE

A

MON BIEN CHER

HUBERT DE LA CHEVALLERIE

MON ANCIEN ÉLÈVE

HOMMAGE DE PROFONDE AFFECTION

ET D'INALTÉRABLE DÉVOUEMENT

EN NOTRE-SEIGNEUR

NOTICE BIOGRAPHIQUE

SUR MADAME

HUNAULT DE LA CHEVALLERIE

Née de BLOM

1811-1880

SUIVIE D'UN APERÇU GÉNÉALOGIQUE SUR

LA FAMILLE H. DE LA CHEVALLERIE

AMIENS
ROUSSEAU-LEROY, IMPRIMEUR-ÉDITEUR
16, rue Saint-Fuscien, 16

1885

Je publierai à jamais les miséricordes du Seigneur... Il l'a éprouvée comme l'or dans la fournaise, et il l'a accueillie comme une victime d'holocauste très agréable.

(Ps. LXXXVIII, 2 ; Sages. III, 6).

INTRODUCTION

Le mardi 28 décembre 1880, dans un hôtel de l'avenue Saint-François-Xavier, à Paris, on vit s'éteindre paisiblement une noble existence. Madame Louise-Caroline de Blom, veuve de M. Emmanuel Hunault de la Chevallerie, rendit son âme à Dieu, à la suite d'une longue maladie, dont elle avait supporté les cruelles souffrances avec un courage et une résignation que la foi seule est capable d'inspirer.

Les personnes qui ont pu apprécier les éminentes qualités de la vénérable défunte, celles surtout qui furent témoins des vertus héroïques dont elle offrit le spectacle au milieu de son douloureux martyre, ne s'étonneront pas qu'on se soit fait un pieux devoir de recueillir et de publier, sur cette vie si éprouvée et sur cette mort vraiment *précieuse devant le Seigneur*, des détails trop édifiants pour demeurer ensevelis dans l'ombre et dans l'oubli.

Toutefois, cette rapide notice, écrite trop souvent à la hâte, au milieu de toutes sortes d'occupations accumulées, n'est pas destinée à franchir les limites du cercle intime de la famille et de l'amitié. Nous ne pourions, d'ailleurs, l'exposer au grand air de la publicité, sans craindre de voir celle qui en est le sujet se lever du fond de sa tombe pour nous imposer silence, tant sa vertu modeste avait horreur du bruit et pitié pour ceux qui le cherchent !

En essayant de retracer à grands traits la vie d'une âme forte, que l'épreuve a transfigurée, ces pages ont pour but d'adoucir d'amers regrets et de répandre sur un deuil que plusieurs années n'ont pu faire oublier, *une espérance pleine d'immortalité.* Puissent-elles inspirer à ceux qui les liront, une confiance sans bornes en Celui qui a fait éclater envers notre chère morte ses miséricordes infinies, selon cette parole des Livres Saints : *Le Seigneur, bon et compatissant à l'excès, remet toutes ses fautes à quiconque implore son pardon... et il fait miséricorde à ceux qui souffrent avec patience.*

Si restreint qu'il paraisse au premier abord, le cadre de cet opuscule devra parfois s'élargir pour donner place à quelques digressions qui ne seront pas des hors-d'œuvre. Dans un écrit dédié à mon ancien élève et consacré principalement à la mémoire de sa grand'mère paternelle, je croirais manquer à l'un des graves devoirs de l'éducation.

si je passais sous silence des extraits aussi intéressants qu'édifiants d'une correspondance qu'elle a soigneusement conservée, et des souvenirs de famille qui viennent, pour ainsi dire d'eux-mêmes, se grouper autour de la figure de la défunte. Renfermant des leçons d'honneur et de vertu, de tels souvenirs constituent un patrimoine moral que chaque génération doit être jalouse de recueillir, de conserver et de transmettre à la suivante, comme le plus bel héritage des ancêtres, comme la plus précieuse et la plus chère de toutes les gloires de la famille.

Plus que jamais, ce semble, dans notre siècle, où tout s'efface si vite ; dans notre pays, où l'égoïsme et l'amour de l'or ont remplacé le dévouement et les saintes croyances, il est utile de montrer aux enfants le courage et les vertus de leurs pères. Il est utile de leur rappeler ces généreuses traditions, qui formeront autour de leur âme comme un rempart d'honneur en même temps qu'elles seront un stimulant efficace pour le bien.

Nous en avons la douce et ferme confiance, les petits-fils de Madame de la Chevallerie et tous les descendants de cette antique et noble race, ne liront pas les beaux faits de leurs aïeux sans se sentir animés d'une sincère émulation et d'un généreux enthousiasme pour la vertu. N'oubliant jamais que *noblese oblige*, ils s'efforceront de se montrer en tout dignes des vaillants champions de l'autel et du trône dont ils tirent leur origine. A leur école, ils apprendront ces quatre choses aujourd'hui trop méconnues : l'amour du devoir, le respect de leur nom, la fidélité à Dieu et le dévouement à la patrie.

A. ODON,

Curé de Tilloloy,
Membre de la Société des Antiquaires
de Picardie.

Tilloloy, le 28 décembre 1884, quatrième anniversaire de la mort de Madame de la Chevallerie.

NOTICE BIOGRAPHIQUE

SUR

Madame Hunault de la Chevallerie

Née de BLOM

(1811-1880)

CHAPITRE I.

La famille de Blom. — François de Blom s'allie à la maison de Baudus. — Hugues de Baudus victime de la Révolution. — Son fils, émigré à Hambourg, travaille à la rédaction du *Spectateur du Nord*. — Il devient précepteur des princes Murat.

Madame de la Chevallerie était issue de la famille de Blom, qu'on voit figurer dans l'histoire du Poitou dès l'année 1302[1].

Plusieurs membres de cette famille reçurent de glorieuses blessures, ou même trouvèrent la mort

---

(1) Pour ce qui concerne l'ancienneté de la famille de Blom (*alibi* de Blaom, de Blahom, etc.) on peut consulter l'ouvrage de M. l'abbé Drochon, *Château-Larcher et ses seigneurs*, p. 477 et suiv. — L'identité de nom avec celui d'une

sur le champ de bataille, « ce vrai lict d'honneur de la noblesse, » comme parle un vieil historien.

Dans le cours du xvi⁰ siècle, elle fournit à l'Ordre de Malte deux chevaliers, François et Florent de Blom, tous deux fils de Florent de Blom, seigneur de Maugué, et de Renée de Montsorbier. Une loi de l'époque ne permettant l'entrée dans cet Ordre religieux et militaire, créé pour la défense des Lieux-Saints, qu'à des personnes à l'abri de tout reproche, une enquête fut ouverte par ordre de Révérend Frère Charles de Hesselin, grand prieur d'Aquitaine.[1]

Le commandeur de Ballan et celui de la Villedieu de Poitiers furent nommés commissaires pour s'enquérir sur « les bonnes mœurs, vertus, hon-« nesteté, conversation, noblesse et légitimation « des deux candidats. » A peine désignés, les deux commissaires se rendent à la maison où pend pour enseigne l'image de Notre-Dame de la ville de Poitiers, paroisse Saint-Paul, et là, devant Mᵉ Jean Chauveau, notaire du Saint-Siège apostolique et royal, ils prêtent le serment à tel cas

montagne du Limousin, berceau de cette famille, semble avoir donné lieu au dicton jadis répandu dans le Haut-Poitou, et d'après lequel on ne sait *si la montagne de Blom a donné le nom à la famille, ou bien la famille à la montagne.*

Les armes de la maison de Blom sont : *d'argent, au sautoir de gueules cantonné de quatre croisettes de même.*

[1] Voir *Château-Larcher et ses seigneurs*, p. 478.

requis. Ils procèdent ensuite, le 28 août, en présence d'Aubin de Blom, frère aîné des deux candidats, à l'objet de leur commission.

Le premier témoin qu'ils interrogèrent fut Jean de Couhé, écuyer, seigneur de la Poupardière, paroisse d'Allonnes, âgé de soixante ans. Celui-ci, après avoir fait serment de dire la vérité, déclare « bien congnoistre François et Florent de Blom, « escuyers, natifs de la paroisse de Marnay, diocèse « de Poitiers, en la maison noble de Maugué ; « ledit François âgé de dix-huit ans, et ledit « Florent de seize ans ou environ.... Lesqueuls « ont esté baptizés sur les fonts baptismaux en la « dicte église parrochiale de Marnay, et les avoir « veus toujours despuis vivre catholiquement et « chrestiennement sellon la religion catholique, « apostolique et romaine ; et bien sçavoir qu'ils « n'ont pas fait profession d'aucune religion, ne « promis à aulcune femme par mariage, qu'il ait « sceu ; ne sont endettés d'aucunes debtes et « tachés d'aulcuns vices. Lesqueuls François et « Florent sont enffans de deffunct Florent de « Blom, seigneur de la Fardellière, de race d'an- « ciens gentishommes de nom et d'armes, etc. »

Les dépositions des divers témoins, revêtues de la signature des deux commissaires, furent lues publiquement et approuvées dans l'assemblée provinciale du grand prieuré d'Aquitaine, tenue le

9 septembre 1567. En conséquence, François et Florent de Blom furent reçus dans l'Ordre de Malte. Encouragés et bénis par leur pieuse mère, les deux frères partirent pour Malte au mois de septembre 1568. Ils étaient munis de nombreuses lettres pour le grand-maître de l'Ordre, pour M. de Gyou, maréchal de la religion de Saint-Jean de Jérusalem, et pour le grand Sénéchal, auprès desquels ils étaient chaudement recommandés [1].

A l'époque de la Révolution française, François de Blom qui, suivant les traditions de ses ancêtres, avait embrassé la carrière des armes, émigra avec son frère aîné, Jean-François de Blom. Ce dernier, qui servait, comme son frère, dans l'armée du prince de Condé, se noya au passage du Rhin, en 1793. Au retour de l'émigration, François de Blom fut nommé par Louis XVIII chevalier de Saint-Louis. C'était, observe M. l'abbé Drochon, une juste récompense de ses travaux et de ses nombreuses blessures reçues dans les combats auxquels il avait pris part. Les fatigues excessives de sa jeunesse abrégèrent sa vie ; il mourut à l'âge d'environ cinquante ans, au château de Maugué (Vienne).

(1) On peut voir quelques-unes de ces lettres fort curieuses dans l'intéressant ouvrage de M. l'abbé Drochon, *Château-Larcher*, etc., p. 481-484, d'où nous avons extrait ces détails.

François de Blom avait épousé, en 1810, Mademoiselle Marie-Delfine-Dauphine de Baudus.

La généalogie des de Baudus n'a rien à envier à celle de Blom. Si elle n'est pas, comme cette dernière, une noblesse de chevalerie, elle présente plusieurs siècles de services non interrompus dans la savante magistrature de l'ancien régime, si féconde en beaux exemples de loyauté et de grandeur d'âme. Cette famille a mêlé son sang avec celui d'Aquin, qui a produit l'illustre saint Thomas d'Aquin, le prince de la théologie[1]. Ce serait déjà beaucoup pour sa gloire, alors même qu'elle n'aurait pas contracté des alliances avec la maison de Dadine, dont le nom brille d'un vif éclat dans les annales religieuses et littéraires du Quercy et de l'Aquitaine, et qu'un de Baudus n'aurait pas rougi l'échafaud révolutionnaire de son sang versé pour son roi et pour la vérité[2].

L'histoire de l'héroïque victime de la Terreur, à laquelle on vient de faire allusion, est connue à Cahors. Né dans cette ville en 1725, non moins distingué par son mérite que par sa naissance.

---

(1) Sur un ancien titre conservé dans la famille, on lit : « La Reine Catherine de Médicis, venant en France, y amena « Victoire d'Aquin, de la famille de saint Thomas d'Aquin. « Victoire d'Aquin épousa un Cardaillac, et l'une des descen- « dantes de ce mariage entra dans la maison de Baudus. »

(2) La famille Dadine de Hauteserre est illustre dans le Quercy. Cahors lui doit la conservation de sa précieuse reli-

Hugues-Joseph-Guillaume de Baudus était un magistrat trop intègre et surtout un chrétien trop vertueux pour survivre à la Révolution. Aussi fut-il dénoncé aux ennemis de l'autel et du trône, et traduit devant le tribunal révolutionnaire, le 15 juin 1794. La principale accusation portée contre lui, était d'avoir terminé par ces mots une lettre qu'on avait interceptée : « Prions pour le « roi qui est entre les mains des méchants. » De Baudus fut donc enfermé dans une prison du district. Ses gardiens voulant favoriser son évasion, il s'y refusa, disant qu'il n'y a que les coupables qui agissent ainsi. Après qu'on l'eut conduit à Paris, un Conventionnel de son pays présenta sa défense. Il prétendait que la lettre n'était point de sa main. Le tribunal était disposé à absoudre le vieillard, s'il eût simplement nié qu'il fût l'auteur de la lettre incriminée; mais, grand jusqu'à la dernière heure et puisant sa force dans sa foi, selon la courageuse et chrétienne devise de sa famille : *In fide robur*, de Baudus préféra la mort au mensonge. En vain son compatriote, dans le but de

que profanée par les Huguenots, lors du sac de cette ville par Henri IV, et sauvée par un membre de cette maison. La science historique ne lui est pas moins redevable. L'histoire de l'Aquitaine et autres doctes écrits ne permettent pas d'oublier le nom du Dadine qui fut régent de l'Université de Toulouse, et mérita le surnom glorieux de *Tite-Live de l'Aquitaine*.

l'arracher au trépas, voulut-il faire entendre aux juges que la frayeur avait troublé la raison du noble gentilhomme. « Plût à Dieu, répliqua vive-
« ment de Baudus, que vous eussiez l'esprit aussi
« tranquille que moi ! » Ainsi fut condamné à mort et exécuté, le 4 juillet 1794, ce martyr de la vérité, de la foi et de la royauté.[1]

Son fils, Jean-Louis-Amable de Baudus, était avocat du roi au présidial de Cahors lorsque, en 1791, il dut chercher son salut dans l'exil. Il émigra à Hambourg, qui était, à cette époque, ville libre et indépendante. Il y rédigea, avec Charles de Vielcastel, un journal royaliste ayant pour titre *Le Spectateur du Nord*, et publia une vigoureuse défense du duc d'Enghien, fusillé le 21 mars 1804, dans les fossés du château de Vincennes. L'empereur des Français ne lui pardonna pas son émigration, ni surtout la manière éloquente dont il avait défendu sa victime devant l'Europe. Ce fut donc contre le gré de ce souverain que, cédant aux sollicitations de la reine de Naples, Caroline Bonaparte, sœur de Napoléon Ier et femme de Joachim Murat, Jean de Baudus se chargea de l'éducation des princes Murat.

---

(1) Voir les *Mémoires de Samson*, *Sept générations d'exécuteurs*. — Compar. Feller, *Dict. histor.* 8e édition, art. Baudus.

CHAPITRE II

Naissance de Caroline de Blom (Madame de la Chevallerie).
— Elle a pour marraine la reine de Naples. — Sa famille
demeure attachée aux Bourbons. — Éducation première
et entrée au pensionnat du Sacré-Cœur de Poitiers.

Jean-Louis de Baudus fut le père de Marie-Delfine-Dauphine, laquelle, ainsi qu'on l'a vu plus haut, s'unit à François de Blom. De ce mariage naquit à Poitiers, le 8 juin 1811, celle dont on essaie de raconter ici la noble existence et la sainte mort. Par suite des circonstances rapportées à la fin du chapitre précédent, elle eut pour marraine Caroline Bonaparte, reine de Naples, et elle reçut au baptême les noms de Louise-Caroline. Toutefois sa famille n'en demeura pas moins attachée aux principes de la légitimité. Repoussant, avec un rare désintéressement, des offres qui lui eussent permis de réparer facilement les pertes qu'il avait subies pendant la Révolution, M. de Baudus préféra se renfermer dans la vie privée, et il sacrifia le soin de sa fortune à l'honneur de rester fidèle à la cause de la royauté [1].

En épousant M. de Blom, homme d'une haute naissance et d'un grand mérite, mais habitué dès sa jeunesse à la vie des camps, dont il avait conservé quelque chose dans ses manières, Mademoiselle de Baudus dut quitter Versailles. Ce fut avec un immense regret qu'elle se vit obligée de s'arracher à la société si élégante et si distinguée, au sein de laquelle elle avait passé sa jeunesse. Pour lui adoucir l'amertume de la séparation, sa mère résolut d'aller se fixer avec elle en Poitou ; les autres sœurs de la jeune mariée l'y accompagnèrent. Il semblait qu'il ne leur fût pas possible de se séparer depuis que, réunies ensemble, elles avaient traversé les jours néfastes de la Révolution, vivant péniblement du travail de leurs mains, loin de leur père, que les sanglantes folies de sa patrie avaient jeté en exil. Supérieures par l'intelligence et la vertu, elles avaient, en outre, ce je ne sais quoi d'achevé que donne l'épreuve noblement supportée. M. Arthur de la Chevallerie a connu l'une de ces demoiselles de Baudus, qu'il appelle *une sainte*. Il conserve précieusement une

(1) Son fils, le colonel de Baudus chevalier de Saint-Louis, etc., résista également aux tentatives séduisantes dont il fut l'objet de la part de Napoléon III. — Il avait épousé une de Tascher de la Pagerie, de la maison des comtes de Tascher, qui a produit l'impératrice Joséphine.

petite croix en or qu'il reçut d'elle dans son enfance, et pour rien au monde il ne consentirait à se dessaisir de cet objet qu'il considère comme une relique.

Ce fut dans ce milieu que s'écoulèrent les premières années de Madame de la Chevallerie. Les graves événements dont la France et l'Europe étaient le théâtre à l'époque de sa naissance; les terribles catastrophes qui venaient de s'accomplir quelques années auparavant et dont les échos retentissaient encore, pour ainsi dire, autour de son berceau; les principes austères qui avaient toujours été en honneur dans sa famille[1];

---

[1] M. de Baudus, son aïeul maternel, portait si loin le respect pour l'observation du repos dominical, qu'il se faisait arranger la perruque le samedi, ne souffrant pas qu'on fît le moindre travail le dimanche.

Voici un trait qu'il n'est peut-être pas sans intérêt de reproduire ici :

Le fils cadet du même M. de Baudus s'était vu obligé, en cette qualité, d'entrer dans les ordres malgré ses répugnances. On raconte qu'un jour, ayant réuni dans une chambre ses frères et sœurs, il se récréait en les faisant danser au son du violon.

> Mais quelqu'un troubla la fête
> Pendant qu'ils étaient en train...

A la porte de la chambre on entend les pas du père qui s'avançait gravement. En vain le jeune abbé cherche à se cacher sous un lit : la queue de sa soutane le trahit... De là, sévère réprimande du père, et consternation de la petite assistance.

les qualités éminentes des personnes auprès desquelles elle grandit, le récit de leurs privations et de leurs souffrances pendant les troubles révolutionnaires, tous ces souvenirs et ces exemples marquèrent, comme d'une empreinte profonde que le temps n'a pu effacer, l'âme de l'enfant qui, plus tard, dans les années de sa vieillesse, ne parlait jamais qu'avec la plus vive horreur de ces journées lugubres, dont les évènements politiques lui faisaient craindre le retour. Ces diverses influences déterminèrent aussi, dans cette nature d'élite, les nuances les plus délicates, qui échappaient à une observation superficielle, mais qu'un esprit attentif savait bien discerner.

Formée de bonne heure, auprès de sa mère et de ses tantes, à des habitudes d'ordre et d'économie qui ne sont plus guère connues de nos jours, elle y demeura constamment fidèle.

Plus d'une fois, peut-être, dans la suite de sa vie, cette qualité exerça la critique de certaines natures vulgaires, incapables de comprendre tout ce que recélait de noblesse et de générosité l'âme de cette femme, dont la rare distinction, la délicatesse exquise, l'esprit élevé et pénétrant, le caractère sérieux et réfléchi, l'aspect à la fois gracieux et imposant, rappelaient tout ce que l'ancienne aristocratie a connu de plus distingué[1].

(1) Une personne qui avait connu tout particulièrement la

On ne doit pas s'attendre à rencontrer dans ce simple memento, de longs détails sur les premières années de Madame de la Chevallerie. Quand elle quitta le sanctuaire de la famille, où sa première enfance s'était écoulée dans une atmosphère tout imprégnée de douloureux souvenirs, d'honorables traditions et de vertueux exemples, ce fut pour entrer au pensionnat que les Dames du Sacré-Cœur dirigeaient à Poitiers, avec un succès qui n'avait d'égal que leur dévouement. Dans ce milieu si favorable, les heureuses dispositions de l'enfant ne pouvaient manquer de se développer rapidement. Des volumes de prix conservés dans la famille, attestent les succès qu'elle remporta dans ses études, et des lettres de cette époque viennent se joindre au témoignage d'anciennes compagnes pour nous révéler les qualités qui distinguaient dès lors la jeune pensionnaire du Sacré-Cœur. Toute sa vie, elle garda pour ses anciennes maîtresses un souvenir reconnaissant et une sincère affection. Nous la retrouvons plus tard, une année avant sa mort, faisant une retraite au Sacré-Cœur de Poitiers, et tout heureuse d'y revoir une religieuse qu'elle avait connue dans sa jeunesse. Et pour se préparer au suprême départ, elle fera sa plus chère occupation de relire, avec une amie d'enfance,

défunte, écrivait à l'occasion de sa mort : « Son éducation et sa distinction rappelaient les femmes d'un autre âge. »

l'admirable vie de la vénérable Mère Barat, la fondatrice bien connue de l'Institut du Sacré-Cœur.

CHAPITRE III.

Mademoiselle C. de Blom sort du pensionnat. — Ses occupations à Maugué. — Elle aime le monde, où elle brille par ses rares qualités. — Son mariage avec M. Emmanuel de la Chevallerie.

Au sortir du pensionnat, Mademoiselle Caroline de Blom devint l'objet de l'admiration et de l'affection la plus vive, non-seulement de la part des siens, mais aussi de la part des étrangers, et surtout des amis de sa famille. Elle les charmait moins encore par les agréments extérieurs de sa personne que par les grâces de son esprit et la bonté de son cœur. Voici un témoignage rendu par une pieuse dame, portant l'un des plus grands noms de France, Madame la marquise de M***, qui a connu, dès cette époque, celle dont elle devait être, jusqu'à la fin, la fidèle amie : « Madame de la
« Chevallerie avait tout ce qu'il fallait pour pa-
« raître avantageusement dans le monde. Bien
« physiquement, spirituelle, très instruite et d'une
« conversation très agréable, elle avait une **grande**
« portée dans l'esprit, un jugement droit et une

« juste appréciation des choses ; aussi lorsqu'elle
« jugeait une personne, il était bien rare qu'elle
« ne devinât juste. »

Néanmoins, le temps qui s'écoula entre la fin de ses classes et son mariage, ne devait offrir que bien peu de distractions du côté du monde à celle qui possédait tout ce qu'il faut pour y briller. Après d'assez rares et courtes apparitions à Poitiers, au milieu d'une société d'élite, il lui fallait retourner à Maugué, pour se tenir renfermée, la plus grande partie de l'année, au fond d'un vieux château d'un aspect austère et d'un abord difficile, posé dans une situation remarquable, au versant d'un coteau de la rive gauche de la Clouère et au confluent de trois vallées profondes [1]. De plus, son père, qui était presque continuellement souffrant, absorbait les loisirs de Madame de Blom. Tout semblait donc conspirer pour rendre alors plus triste à Caroline une demeure qui, pourtant, devait être le témoin de presque toute sa vie, et lui devenir dans la suite extrêmement chère. Heureuse-

---

(1) Depuis le mariage de Florent de Blom avec Renée de Montsorbier, dame de Maugué, le 11 février 1538, cette seigneurie était demeurée, sans interruption, le séjour de la famille de Blom, si ancienne dans le Poitou. A l'époque de la Révolution française, la terre de Maugué (paroisse de Marnay et voisine de Château-Larcher) avait été conservée dans cette famille, grâce au courage de la mère de François de Blom. Celle-ci s'était déterminée à y vivre seule avec une fidèle domestique durant la tourmente révolutionnaire.

ment, elle savait occuper les longues heures pendant lesquelles elle était livrée à elle-même au fond de son austère retraite. Des personnes amies la tenaient d'ailleurs au courant de ce qui se passait d'intéressant pour elle dans la capitale du Poitou. L'une d'elles lui écrivait, en 1828 : « Ta solitude te donnerait beaucoup de tristesse, si tu ne savais employer ton temps d'une manière si utile. J'apprends avec satisfaction que tu ne négliges pas l'étude ; avec le piano et le travail manuel, en voilà assez pour employer ta journée... Notre chapitre s'est réuni hier pour souhaiter la fête à Monseigneur : c'est une fête que les mauvaises nouvelles rendaient fort triste. Les collèges des Jésuites sont supprimés, etc. »

Une autre lettre du même temps, après avoir rendu compte d'une brillante soirée dans la famille de la Rochejaquelein, se termine ainsi : « Nous avons fait à Saint-Pierre, dimanche dernier, la fête du Mont-Carmel. Le prédicateur nous a parlé des avantages attachés à cette dévotion... Je t'engage à toujours porter sur toi le scapulaire : c'est un précieux préservatif, surtout pour des enfants de Marie. »

A cette époque de sa vie, Mademoiselle de Blom ravissait, chaque fois qu'elle y paraissait, la brillante société poitevine dont elle faisait l'admiration. Dans tout l'éclat de la jeunesse et de la beauté, simple dans sa distinction autant que gracieuse, supérieurement douée sous le rapport de l'intelligence, spirituelle et aimable, elle possédait, dans un rare degré, tout ce qu'il faut pour plaire au monde. Est-il donc étonnant qu'elle même ait alors trop aimé ce monde qui l'appelait de ses sourires, et qu'elle se soit éprise de ses charmes ? Son âme ardente et naturellement fière s'enivrait, presque à son insu, de cet encens mondain. Les louanges qu'on lui prodiguait et les attentions empressées dont elle était l'objet, auraient pu devenir un danger pour sa vertu ; heureusement elle trouva une sauvegarde dans la solitude de Maugué, et surtout dans la vigilance assidue de ses parents.

La noble héritière des marquis et barons de Blom avait à peine dix-neuf ans lorsqu'elle épousa, le 4 mai 1830, Monsieur Emmanuel-Louis-Adolphe Hunault de la Chevallerie, chevalier, chef de nom et d'armes de l'ancienne famille Hunault de la Chevallerie. On trouvera, à la fin de cette notice, un **aperçu généalogique sur cette famille.**

D'après le rapport d'un témoin oculaire, rarement on avait vu à Poitiers une noce aussi brillante. Comblés des dons les plus précieux dans l'estime des hommes, de la beauté, de l'esprit et de la fortune, les jeunes époux étaient adulés dans le pays, et vivement recherchés dans les sociétés les plus distinguées dont ils faisaient l'ornement.

Les premières années du mariage furent donc données entièrement au monde et aux plaisirs. Le couple gracieux en faveur duquel la nature s'était montrée si prodigue, voyait s'ouvrir devant lui les perspectives les plus riantes ; le chemin de la vie ne lui apparaissait que semé de roses ; ce n'était qu'une succession de fêtes et de réjouissances. Sans doute Monsieur et Madame de la Chevallerie, élevés dans des sentiments profondément chrétiens, ne laissèrent pas, tout en se livrant à des divertissements profanes, de professer le plus grand respect pour la religion, et même d'accomplir plusieurs des pratiques qu'elle impose. Pourtant, il faut l'avouer, la meilleure part de leurs affections n'était pas alors pour Dieu : le monde possédait leur cœur. Mais Celui qui *châtie ceux qu'il aime*, et qui frappe pour guérir, ne permit pas, dans sa miséricorde, que ces nobles âmes fussent victimes des séductions du siècle. La suite de ce récit montrera par quelles épreuves cruelles il les rapprocha de lui, et comment, en faisant voir aux deux époux le vide et le néant des choses d'ici-bas, ces épreuves les désabusèrent de ce que la Sainte Écriture appelle *la fascination de la frivolité, laquelle obscurcit ce qu'il y a de bon dans l'homme.*

CHAPITRE IV.

Monsieur Emmanuel de la Chevallerie. — Il reprend son épée pour répondre à l'appel de la duchesse de Berry.

Monsieur Emmanuel de la Chevallerie était bien digne de celle que le Ciel lui avait donnée pour aide et pour compagne. Ame droite et généreuse, c'était le type de la probité et de l'honneur. Dans le pays qu'il habitait, sa bonté était devenue en quelque sorte proverbiale. Une fois livré à Dieu, il fit de rapides progrès dans la pratique des vertus chrétiennes. Chacun rendait hommage à ses excellentes qualités. M. de Baudus, qui était à Poitiers le principal représentant de la cause légitimiste, et qui n'était pas moins dévoué à son Dieu qu'à son roi, disait, en parlant de son neveu : « Telle est ma vénération pour M. de la Cheval-
« lerie, que je me sens porté, quand je le vois, à
« me mettre à genoux devant lui. »

Tandis que son père se plaisait à parler de ses

campagnes d'Italie, dont il avait conservé, jusque dans sa vieillesse, un souvenir plein d'enthousiasme, Monsieur E. de la Chevallerie intéressait sa famille et ses amis par le récit des guerres d'Espagne, auxquelles il avait pris part. Au mois de mai 1832, un événement vint lui fournir l'occasion de donner une preuve éclatante de sa fidélité à la famille des Bourbons. Rentrée secrètement en France, la duchesse de Berry se tourna vers les provinces de l'Ouest, pour réclamer, avec l'épée de ses partisans dévoués, le royal héritage que la violence avait ravi au descendant de saint Louis. Elle espérait réveiller l'ancienne Vendée de 93. Son imagination ardente lui inspirant des illusions sur les forces dont elle pouvait disposer, « elle s'exaltait à la pensée qu'une femme saurait reconquérir une couronne perdue par des hommes, et que la mère remettrait elle-même son fils sur le trône[1]. »

Bien que marié depuis deux ans, Monsieur E. de la Chevallerie répondit aussitôt, ainsi que son frère, à l'appel de la duchesse. Non pas qu'il eût confiance dans le succès de l'entreprise : il connaissait, à cet égard, la pensée des politiques sérieux du parti royaliste, et il n'ignorait pas le désaccord et les dissidences qui existaient, tant sur l'opportunité de la prise d'armes que sur les questions de conduite.

---

(1) *Histoire de la Monarchie de Juillet*, par Paul Thureau-Dangin, t. II, p. 145.

Mais celle qui avait parlé, c'était la mère du jeune duc de Bordeaux, sur la tête duquel l'abdication de Charles X et la renonciation du duc d'Angoulême faisaient reposer le droit royal. Monsieur de la Chevallerie avait trop le culte d'une telle autorité pour hésiter un instant. Il partit.

En sortant du Maugué, il s'arrêta au pied d'un calvaire, qui s'élevait sur le bord du chemin, à l'extrémité du hameau. Là, se retournant vers son domaine, il jeta un dernier regard sur son château, sur ses champs, sur la faible partie du patrimoine de famille que la Révolution lui avait laissée : « Si je reviens, dit-il, je verrai mon château « incendié, mes champs ravagés... » Et pensant à l'épouse et au tout jeune enfant que son absence allait laisser sans appui, il ne put retenir ses larmes. Mais la sollicitude de l'époux et la tendresse du père cédèrent au courage du soldat que la fidélité à une noble cause appelait au combat. M. de la Chevallerie continua donc sa route, après avoir fait pieusement le signe de la croix et recommandé à Dieu le salut de son âme, la garde de ses biens et le soin des êtres chéris qu'il laissait derrière lui.

On connaît le résultat de cette prise d'armes. Après l'insuccès qu'il avait prévu, le partisan fidèle de la monarchie tombée revint à Maugué. Il y retrouva tout ce qu'il avait si généreusement sacrifié dans son cœur pour voler à l'appel de la *régente*.

La Providence avait veillé sur son domaine, sur sa femme et sur le berceau de son premier-né[1].

Cependant les plus rudes épreuves ne devaient pas être épargnées à ces jeunes époux. Déjà, en 1830, l'attachement de M. de la Chevallerie pour la famille des Bourbons l'avait déterminé à briser son épée, sa chère épée, qu'il avait si vaillamment portée pour son roi et pour sa patrie. Combien un tel sacrifice lui fut douloureux, c'est ce qu'il n'est pas possible de dire.

M. E. de la Chevallerie avait débuté dans la carrière des armes d'une manière non-seulement brillante, mais presque inouïe. Nommé, le 8 août 1821, sous-lieutenant au 30° de ligne, bien qu'il n'eût alors que dix-neuf ans[2] et qu'il n'eût point passé par les écoles militaires, il était entré avec son grade dans le 13° de ligne, et

---

(1) Le frère de M. Emmanuel, M. Ulic de la Chevallerie, qui avait également répondu à l'appel de la duchesse de Berry, faillit être victime de son dévouement. Après la défaite de la petite troupe de braves dont il faisait partie, se voyant un jour poursuivi par les bleus, il n'eut que le temps de se réfugier dans une ferme, où on le cacha sous un tas de foin. La ferme fut visitée ; on arriva au tas de foin et l'on y enfonça les sabres et les baïonnettes. Blotti dans sa cachette, M. Ulic sentit les pointes des armes qui le piquaient. Il croyait sa dernière heure arrivée, mais il s'abstint de faire aucun mouvement, et Dieu, auquel il s'était instamment recommandé, le sauva d'un danger imminent.

(2) M. E. de la Chevallerie était né à Poitiers, le 17 mai 1802.

avait fait, avec ce régiment, la campagne d'Espagne de 1823-1824. Sa bravoure lui avait mérité, dans le cours de ses campagnes, la décoration de la Légion d'honneur et celle de l'Ordre de Saint-Ferdinand d'Espagne de première classe, ainsi que le grade de lieutenant, auquel il fut promu le 27 septembre 1824. Encore dans toute la fleur de la jeunesse et déjà parvenu à une position si élevée, le noble gentilhomme pouvait concevoir les plus légitimes espérances. Le chemin des honneurs était ouvert devant lui ; il paraissait appelé à éclipser la gloire acquise par ses ancêtres dans le métier des armes ; déjà la voix de ses compagnons le désignait pour les premières dignités de l'armée, lorsqu'arriva 1830. De si belles espérances furent alors ruinées. Fidèle à son serment, M. de la Chevallerie brisa une carrière qui allait le porter au comble des honneurs et de la fortune [1].

---

(1) Voir à l'Appendice, l'aperçu généalogique.

CHAPITRE V

Une nouvelle épreuve. — La famille chrétienne. — Un accident de voiture. — Maladie de Gabrielle. — Sa guérison inespérée.

Ce n'était que le premier pas dans la voie du sacrifice. M. de la Chevallerie et sa digne compagne devaient la parcourir jusqu'au bout. Dans ses admirables *Élévations sur les Mystères*, Bossuet commente, avec toute la puissance de son génie, la prédiction du saint vieillard Siméon annonçant à la mère de Jésus qu'à l'occasion de son divin Fils elle aurait *l'âme percée d'un glaive* : « Pères
« et mères chrétiens, dit-il, apprenez que vos
« enfants vous seront des croix : n'épargnez pas
« les soins nécessaires, non-seulement pour leur
« conserver la vie, mais, ce qui est leur véritable
« conservation, pour les élever dans la vertu.
« Préparez-vous aux croix que Dieu vous prépare
« dans ces gages de votre amour mutuel; et après
« les avoir offerts à Dieu comme Joseph et Marie.
« attendez-vous comme eux, à en recevoir, quoi-

« que peut-être d'une autre manière, plus de peines
« que de douceur [1]. »

Ces paroles devaient se vérifier à la lettre pour
M. et Madame de la Chevallerie. En leur donnant
des enfants, le Seigneur leur ménagea des occasions
de sacrifice, et, pour parler comme l'illustre évêque
de Meaux, « dans ces chers gages de leur mutuel
amour, il leur prépara des croix. »

L'aîné, qui pendant huit ans demeura fils unique,
avait reçu de la nature un ensemble de qualités
qui faisaient heureusement augurer pour l'avenir.
D'une physionomie agréable, d'un esprit vif et
enjoué, d'un caractère gai, aimable et énergique,
d'un cœur généreux et ardent, cet enfant tendre-
drement chéri faisait toute la joie et tout l'espoir
de la famille. Aussi quel sacrifice et quelle douleur
pour ses parents lorsque, à la suite d'un accident,
il fallut éloigner le jeune Arthur de la maison
paternelle, pour lui faire subir de longs et douloureux traitements qui mirent son corps à la torture !

Au bout de quelques années, le mal avait enfin
cédé aux remèdes, et la famille s'était augmentée
d'un fils et d'une fille, qui reçurent au baptême les
noms d'Olivier et de Gabrielle. M. et Madame de
la Chevallerie ne négligèrent rien pour former
à la vertu les âmes que le Seigneur leur confiait.

---

(1) XIXe *Semaine*, troisième Élévation.

Ils leur inspirèrent de bonne heure la crainte et l'amour de Dieu, ainsi qu'une tendre dévotion envers la Sainte Vierge. Craignant de voir revenir de mauvais jours, ils voulurent que leurs enfants cultivassent tous les talents qu'ils avaient reçus du Ciel, afin d'être en état de gagner honorablement leur vie, si leurs biens venaient à leur être enlevés.

A part quelques rares séjours à Poitiers, la vie de la jeune famille s'écoulait à Maugué. C'est là que M. de la Chevallerie faisait à lui-même et à sa femme une vie solitaire, au fond de son vieux château. L'accès en était difficile et même périlleux ; aussi les visites y étaient-elles fort rares. Des parents et quelques amis intimes apparaissaient seuls, de temps en temps, dans cette solitude presque inaccessible ; ils disaient, non sans une petite pointe de plaisanterie, qu'avant d'entreprendre un pareil voyage, il était prudent de faire son testament.

Lorsqu'il devait quitter Poitiers pour retourner à Maugué, M. de la Chevallerie avait coutume de faire un pèlerinage à sainte Radegonde, et de descendre dans la crypte où l'on vénère le tombeau de la Sainte. C'était un édifiant spectacle de voir l'ancien lieutenant, se prosterner pieusement, réciter une prière avec ses enfants, puis faire brûler un cierge en l'honneur de l'illustre patronne de Poitiers. Sainte Radegonde ne pouvait refuser sa protection à ceux qui lui rendaient de si touchants hommages d'amour et de confiance. Le trait suivant en fournit une preuve.

Après quelques jours passés à Poitiers, M. de la Chevallerie s'en retournait un soir à Maugué avec ses deux plus jeunes enfants et leur bonne. Pendant ce court séjour dans la capitale du Poitou, Gabrielle avait été atteinte de la rougeole. Elle était à peine guérie, et le médecin avait permis le départ seulement à la condition qu'on la tiendrait bien chaudement. On avait déjà traversé sans encombre plusieurs passages dangereux, lorsqu'on parvint à l'entrée du village de Château-Larcher ; là se trouvait un pont sur lequel on arrivait par une pente rapide et un tournant très difficile. Le cocher avait fait, avant de partir, de trop copieuses libations. Au lieu de retenir ses chevaux lancés à toute vitesse, il ne faisait que les exciter davantage. A ce passage périlleux, ils rencontrèrent d'autres chevaux qu'on menait à l'abreuvoir : il n'en fallait pas tant pour les faire cabrer. En vain M. de la Chevallerie, qui avait vu le danger, cria au domestique : « Retenez donc vos chevaux ! » Déjà la voiture renversée tombait dans le précipice...

Le lit de la rivière était très profond en cet endroit ; les voyageurs auraient été infailliblement noyés si l'eau eût été à son niveau ordinaire, ou brisés par la violence de la chute, si, comme il arrivait souvent en été, le torrent eût été à sec. Mais, heureusement, il y avait juste assez d'eau pour amortir le coup.

La nouvelle de cet accident s'étant aussitôt répandue dans le village, on s'empressa de venir au secours d'une famille justement considérée et aimée dans tout le pays. C'était un dimanche, à l'heure du salut. Monsieur le curé, averti de ce qui venait d'avoir lieu, en fit part à ses paroissiens, et, après avoir promptement achevé l'office du soir, il courut lui-même au château de Maugué, pour préparer Madame de la Chevallerie à une pareille nouvelle, et pour la rassurer sur les suites d'un accident qui aurait pu être si funeste.

Ce ne fut pas sans quelque peine qu'on retira tout l'équipage de l'abîme où il venait, comme par miracle, d'échapper à la mort. La voiture était entièrement fracassée, mais M. de la Chevallerie ainsi que ses enfants et ses domestiques étaient sains et saufs ; ils n'avaient pas même une égratignure. Seul, un habitant de Château-Larcher, que le charitable châtelain avait rencontré sur la route et auquel il avait offert une place dans son carosse, avait une blessure à la tête. Type du petit bourgeois parvenu, haineux et jaloux de tous ceux qui étaient au-dessus de lui, cet homme était furieux de se voir seul blessé ; il jurait et tempêtait, disant : « Voilà ce que c'est que d'aller avec ces aristocrates ! »

Un bocal de liqueur, que la bonne tenait sur elle au moment de la chute, fut retrouvé intact. M. de la Chevallerie s'en servit pour remettre les sens à ses enfants, qu'une pareille secousse avait, comme on le pense bien, profondément troublés. Un brave meunier recueillit cordialement chez lui nos voyageurs mouillés comme des rats d'eau, et les bons villageois s'empressèrent de mettre à leur disposition leurs habits de fête. C'est ainsi que la scène, d'abord tragique, ne tarda pas à prendre un caractère presque comique. Olivier et sa sœur Gabrielle étaient revenus de leur saisissement. Ils montrèrent bientôt une figure épanouie, quand ils se virent dans un accoutrement de petits paysans, tandis que leur père était lui-même tout à coup métamorphosé en meunier.

Il restait à faire un trajet d'environ une demi-heure pour gagner le château. Montés dans une autre voiture, que Madame de la Chevallerie venait de leur envoyer, les voyageurs traversèrent le village au milieu des plus touchantes marques d'intérêt, et des manifestations les plus sympathiques de la population. Il fallait encore passer un pont ; les enfants, à peine remis de leur frayeur, criaient à l'envi : « Papa, descendons ! » Mais ce dernier obstacle fut heureusement franchi et l'on arriva enfin à Maugué.

Vivement émue, Madame de la Chevallerie attendait debout sur le perron du château. Se précipitant dans les bras de son époux et de ses enfants, elle les combla de ses plus tendres caresses. La famille ne manqua pas de rendre grâces au Ciel. M. de la Chevallerie attribuait à la Sainte Vierge et à sainte Radegonde cette préservation toute providentielle, qui fut même regardée comme miraculeuse par les personnes qui connaissaient l'endroit où la chute était arrivée.

Cet accident fut bientôt suivi d'une épreuve bien poignante. La plus jeune des trois enfants, Gabrielle, était de la part de ses parents l'objet d'une affection particulière. Tous ceux qui ont connu M. de la Chevallerie, savent combien il chérissait tendrement sa fille unique; jamais il n'avait assez de caresses pour celle qui était le Benjamin de la famille. Mais Dieu « avait marqué de son sceau « le front de cette enfant, afin qu'elle n'admît pas « d'autre amour que celui de Jésus-Christ [1]. » C'est pour cela qu'il voulut, longtemps à l'avance, préparer son père et sa mère au sacrifice qu'il devait un jour leur demander.

(1) Posuit signum in faciem meam, ut nullum præter eum amatorem admittam. (*Brev. Rom.* Ant. de sainte Agnès).

En 1853, Gabrielle avait douze ans, lorsqu'une terrible maladie, survenue tout à coup, la conduisit aux portes du tombeau. Le mal, qui était extrêmement douloureux, se prolongea plusieurs semaines. Ce fut pour la pauvre enfant un véritable martyre. Des crises affreuses contractaient tout son corps et lui arrachaient des cris lamentables. Quelle torture pour le cœur de ses parents! Quel spectacle déchirant pour M. de la Chevallerie qui s'était constitué le garde-malade de sa fille, ne la quittant ni le jour ni la nuit, se privant de sommeil et souvent même de nourriture! Quelles angoisses, surtout lorsqu'après une lutte de trois semaines contre ce mal qui paraissait implacable, Gabrielle parut toucher à ses derniers moments! Le médecin n'avait plus aucun espoir, le pauvre père le savait. Ne se sentant pas le courage de voir expirer son enfant, il va s'agenouiller auprès du lit de la malade. Prenant alors la main de sa fille, il la pose sur sa tête, puis il la baise en murmurant ces paroles : « Mon Dieu, je vous la donne. » Il disparut ensuite, et on ne le revit plus pendant cette nuit si terrible.

Cependant, contre toute attente, au moment même où elle semblait devoir exhaler son dernier souffle, la petite malade passa tout à coup de la mort à la vie. En voyant tout danger subitement écarté, le médecin ne pouvait revenir de son étonnement. Il ordonna qu'on courût annoncer à M. de la Chevallerie la nouvelle d'une guérison aussi soudaine qu'inespérée. Après l'avoir longtemps cherché, on finit par le trouver au fond d'un grenier où il s'était retiré, affolé en quelque sorte par l'excès de sa douleur.

Ainsi, jadis, en faveur de sainte Thérèse, « le « Médecin infaillible et tout-puissant avait infirmé, « par ses ordonnances, la sentence des autres « médecins, le terme qu'il avait assigné n'étant « pas encore arrivé. » Revenue à elle, l'illustre Vierge d'Avila « trouva en ses yeux de la cire, « raconte un de ses biographes, et des larmes en « ceux de son père et de ses frères, qui la pleu- « raient déjà comme morte [1]. »

Après la crise si violente qu'elle venait de subir, Gabrielle ne trouva pas de la cire dans ses yeux, mais elle trouva, elle aussi, des larmes dans les yeux de ses parents.

---

(1) *Vie de sainte Thérèse de Jésus,* par Jacques d'Yepes, évêque de Tarassone, traduite par le R. P. Cyprien, carme déchaussé. — Paris, 1643; t. I, p. 46.

CHAPITRE VI

Une vocation religieuse. — Générosité de M. et de Madame de la Chevallerie.

Il arrive souvent que, dans une famille chrétienne, Dieu se choisit un membre dont il fait l'ange gardien des autres, et auquel il assigne une mission providentielle. Cette part, la meilleure de toutes, devait échoir à Gabrielle. En s'arrachant dans la suite à toutes les aises de la vie pour « s'enrôler, comme parle saint Ambroise, dans la sainte milice de la charité, » elle était destinée à être pour sa famille « un don de Dieu, un trésor et une victime, apaisant la justice du Seigneur en faveur des siens et attirant sur eux sa miséricorde, par le sacrifice d'elle-même chaque jour subi et renouvelé [1]. »

Cependant les desseins de Dieu sur elle lui furent longtemps cachés. De bonne heure, il est vrai, elle avait manifesté, avec une énergie peu com-

---

(1) Saint Ambroise, *de Virginib.* lib. 1, c. 10, n° 60.

mune, sa profonde aversion pour le mariage; ses pensées étaient sérieuses et on l'accusait de juger trop sévèrement le monde. Mais elle n'éprouvait encore aucun attrait pour la vie religieuse. A l'âge d'environ vingt ans, elle alla, avec ses parents, passer un hiver à Paris. De retour à Maugué, elle avait l'esprit tout occupé des plaisirs et des fêtes dont elle avait joui pendant son séjour dans la capitale, lorsqu'elle reçut la visite d'une cousine qui se disposait à entrer en religion et venait faire ses adieux. L'entretien des deux cousines offrit un contraste frappant. Mademoiselle Marie de Bizemont, la future religieuse, était tout heureuse de parler du nouveau genre de vie qu'elle allait embrasser; de son côté, Mademoiselle de la Chevallerie, encore tout éblouie de l'éclat des magnificences de la grande ville d'où elle revenait, ne pouvait se lasser de raconter son voyage de Paris, dont elle paraissait émerveillée. Mais s'interrompant tout à coup, elle se prit à dire à sa cousine : « Que tu es heureuse, toi, d'avoir la vocation religieuse! Je la désirerais bien aussi, mais je crains que Dieu ne veuille pas me la donner. » Et à ces mots des larmes jaillirent de ses yeux. — « Qui sait? peut-être seras-tu un jour un vase d'élection? » reprit Mademoiselle de Bizemont, avec un air très sérieux et en fixant sur Gabrielle un regard qui semblait pénétrer dans l'avenir.

Nous touchons à une date mémorable dans la vie de Madame de la Chevallerie : celle de la vocation et de l'entrée en religion de sa fille Gabrielle.

Dans cette notice, écrite seulement pour l'intimité, nous sera-t-il interdit de soulever, d'une main aussi discrète que possible, le voile qui couvre des tableaux de famille dignes des plus beaux âges de l'Église? A ceux qui seraient tentés de nous en faire un reproche, nous ferons cet aveu : Sachant la réserve qu'il convient de garder quand il s'agit des vivants, nous hésitions à livrer, dès maintenant, à l'impression plusieurs des choses qu'on va lire ; mais nous avons déféré à l'avis d'hommes graves et judicieux consultés à cet égard, et les solides raisons qu'ils ont alléguées ont triomphé de nos hésitations [1]. Aussi bien

---

(1) Parmi eux, nous sommes heureux de pouvoir compter un évêque missionnaire qui, pendant quelques jours d'un repos forcé, a daigné lire ces humbles pages et en encourager la publication.

Nous voulons parler de Mgr T***, vicaire apostolique, qui a subi, sur la terre infidèle, la prison et toutes sortes de mauvais traitements pour la cause de l'Évangile. Ce vénérable confesseur de la foi a vu, il y a quelques années, la palme du martyre lui échapper des mains ; bientôt peut-être, il aura la gloire de la cueillir.

La persécution, un moment assoupie, vient de se rallumer dans la mission qu'il a fondée et dont il est l'âme. *Heureux de souffrir pour le nom de Jésus*, ce pontife au cœur d'apôtre lutte en héros sur le champ de bataille de la vérité, où il déploie une énergie indomptable, un zèle que rien ne peut refroidir et *une charité plus forte que la mort elle-même*.

l'Écriture nous apprend que s'il *est bon de tenir caché le secret d'un roi, il est louable de découvrir et de publier les œuvres de Dieu.*[1] D'ailleurs, celle qui sera l'objet des édifiants détails qui vont suivre et qui paraissent indispensables pour compléter la biographie de sa mère, n'est plus, pour ainsi dire, de ce monde.

En quittant sa famille et son pays pour mener une vie cachée, en déposant sa riche parure pour revêtir l'humble costume de servante des pauvres, à peine a-t-elle même conservé son nom. Toujours au poste qui lui est assigné dans l'armée du dévouement où elle s'est enrôlée, demain, peut-être, au premier signal, elle ira de nouveau, sur la terre étrangère, loin de la France et de l'Europe, poursuivre le cours de ses glorieuses campagnes et continuer sa mission de charité sur de lointains théâtres, au champ d'honneur du sacrifice.

A l'époque où nous a conduits ce récit, dans le temps qui suivit son entrevue avec sa cousine de Bizemont, Gabrielle se retirait souvent dans sa chambre pour prier. Bien des fois Madame de la Chevallerie la surprit à genoux et pleurant. La mère, émue de ce spectacle, se retirait discrètement, et, presque toujours, elle gardait le silence sur ce dont elle avait été témoin.

---

(1) Tob. XII, 7.

Devinant ce qui se passait dans l'âme de sa fille, elle priait et faisait prier pour elle.

Tant de prières et tant de larmes répandues dans le secret, au pied du crucifix, ne pouvaient demeurer stériles. Gabrielle ne tarda pas à connaître la volonté d'en haut. Quelle joie pour son âme, quand elle entendit retentir au fond d'elle-même cet appel divin : « *Ecoute, ma fille, et regarde*; prête l'oreille, non plus aux bruits du monde et à la voix de la nature, mais à la parole de ton Dieu qui t'invite à venir à sa suite. Détourne tes regards des vanités de la terre, pour ne plus les fixer que vers le ciel. *Quitte la maison de ton père, brise les liens de la chair et du sang, car le Roi du ciel t'appelle à lui.* Il veut t'associer au chœur de ses vierges, t'enrichir de ses dons, t'introduire dans les trésors de ses grâces et dans le sanctuaire de son amour[1]. »

A cette voix intérieure, l'heureuse élue avait sur-le-champ répondu par les paroles d'une illustre sainte, par ces paroles que l'Église, dans le Pontifical romain, place sur les lèvres des vierges au jour de leur consécration solennelle : « J'ai vu le royaume de ce monde, et sa pompe ne m'a pas longtemps éblouie; j'ai vu ses palais, ses orne-

---

(1) *Audi, filia, et vide*, etc... Ps. XLIV.

« ments, ses parures, ses plaisirs et ses fêtes;
« mais toutes ces choses, je les méprise à cause de
« Jésus-Christ à qui seul désormais je veux appar-
« tenir. A lui toutes mes pensées, tous mes regards,
« toute ma confiance, tout mon amour; à lui mon
« corps et mon âme, mon temps, ma santé et ma
« vie : *Regnum mundi et omnem ornatum*
« *sæculi contempsi propter amorem Jesu*
« *Christi, quem vidi, in quem credidi, quem*
« *amavi.* »

Assurée de sa vocation, Gabrielle en fit part à sa mère. Celle-ci, voyant ses pressentiments se vérifier, ne voulut point contrarier une résolution longtemps mûrie et examinée devant Dieu. Sans doute ce fut une blessure profonde pour son cœur de mère, et la flèche qui le perça en ce moment y demeura depuis toujours fixée. Mais elle souffrit en silence, puisant dans l'énergie de son caractère et de sa foi, la force de dominer les émotions qui la brisaient.

Il ne s'agissait donc plus pour Gabrielle que d'obtenir le consentement de son père. Mais, de ce côté, elle voyait se dresser un obstacle en apparence insurmontable. Déjà, à cette époque, M. le comte de Bizemont avait donné à Dieu l'un de ses fils, dans la Compagnie de Jésus, et l'une de ses filles, — la cousine dont il a été parlé plus haut, — laquelle avait pris le voile chez les Filles de

Notre-Dame, à Poitiers. A cette occasion, M. de la Chevallerie avait déclaré à ses enfants que, dans le cas où ils désireraient entrer en religion, il ne leur donnerait son consentement qu'après avoir longtemps éprouvé lui-même leur vocation. Comment allait-il accueillir une proposition de ce genre, alors surtout qu'elle venait de celle qu'il chérissait si tendrement?

Cependant, aidée des sages conseils de sa mère, et surtout de la prière, à laquelle rien ne résiste, Gabrielle eut la consolation d'obtenir ce qui paraissait impossible. Comprenant que cette vocation venait du Ciel, M. de la Chevallerie ne se montra pas moins généreux que sa compagne. Le chrétien triompha du père. Il fit à Dieu, avec un courage héroïque, l'abandon de ce qu'il avait en ce monde de plus cher. Comment exprimer toute l'étendue d'un pareil sacrifice? Quelle lutte au fond de son âme! Quelle douleur et quel déchirement lorsqu'il vit la main du Seigneur s'abattre sur son foyer, à côté de son cœur désolé, pour lui ravir sa Gabrielle! Quelle angoisse pour les deux époux quand arriva le jour de la séparation, alors qu'ils contemplèrent d'un regard éperdu la dernière apparition mondaine de leur fille tant aimée!

Est-il, en effet, rien de comparable à ce sacrifice magnanime d'une fille de grande maison et d'un cœur plus grand encore, renonçant à tous les avantages que procurent la naissance et la fortune, à tous les liens mortels, pour se consacrer à Jésus-Christ ?

Ecoutons un éminent écrivain ; écoutons les accents si émus que le souvenir de sa fille religieuse arrache à un père qui avait vu, lui aussi, ce spectacle poignant se dresser un jour devant ses yeux baignés des larmes d'une angoisse paternelle :

« Un matin elle se lève et s'en vient dire à son père et à sa mère : Adieu, tout est fini. Je vais mourir, mourir à vous, mourir à tout. Je ne serai jamais ni épouse, ni mère ; je ne serai plus même votre fille. Je ne suis plus qu'à Dieu. — Rien ne la retient. La voilà déjà parée pour le sacrifice, étincelante et charmante, avec un sourire angélique, avec une ardeur sereine, rayonnante de grâce et de fraîcheur, le vrai chef-d'œuvre de la création ! Fière de sa riante et dernière parure, vaillante et radieuse, elle marche à l'autel, ou plutôt elle y court, elle y vole comme un soldat à l'assaut, contenant à peine la passion qui la dévore, pour y courber la tête sous ce voile qui sera un joug pour le reste de sa vie, mais qui sera la couronne de son éternité [1]. »

---

(1) Montalembert, *Les Moines d'Occident*, t. V, ch. XVII. *Les Religieuses Anglo-Saxonnes*, p. 383.

CHAPITRE VII

Les Filles de la Charité. — Gabrielle choisit cet Institut. — Madame de la Chevallerie la présente elle-même. — Le Postulat et le Noviciat. — Visite d'une amie.

Le monde entier connaît « cette humble fille qui s'en va seule par les rues, les yeux chastement baissés, le front couvert d'une coiffe virginale, les mains croisées dans les larges manches d'une robe de bure, un chapelet au côté et une croix sur son cœur : c'est la Sœur de Charité. L'impie se tait devant elle, le Turc la vénère, le sauvage à sa vue sent naître en lui des sentiments nouveaux. Elle est l'honneur de notre âge, la plus pure gloire de notre civilisation, la merveille de saint Vincent de Paul, le chef-d'œuvre de la charité... Servantes des pauvres, sœurs de tous les malheureux, ces modestes héroïnes deviennent aussi les anges gardiens de l'enfance, les mères des orphelins, les filles des vieillards, les institutrices de la jeunesse, les protectrices des fous et des forçats. Vincent de

Paul les a faites pour toutes les misères, pour toutes les détresses. Ni l'école avec ses ennuis, ni l'hôpital avec ses horreurs ne suffisent à leur dévouement ; elles courent au-devant de la peste aussi bien que sur les champs de bataille, et il n'y a ni climat ni distance qui les arrête [1]. »

Tel est l'Institut qu'avait choisi Gabrielle. C'était bien ce qui convenait à celle qui brûlait de se consacrer tout entière à Jésus-Christ dans les pauvres, Dieu lui ayant fait au cœur cette bienheureuse blessure qu'un Docteur de l'Église appelle *la sainte blessure de la charité* [2].

Madame de la Chevallerie conduisit sa fille à Paris, afin de la présenter elle-même au vénérable Supérieur des Prêtres de la Mission et des Filles de la Charité. C'était, à cette époque, M. Étienne, de douce et sainte mémoire.

Ici, l'on aimera entendre cette courageuse mère s'exprimer elle-même. Écrivant de Paris à M. de la Chevallerie, le 12 septembre 1862, elle dit : « ...La triste séparation a eu lieu hier à cinq heures, non sans peine, comme vous le pensez bien. Gabrielle a été longuement examinée par le Père Aladel, qui croit à une vocation *sérieuse*. Hier soir, à sept heures, je suis retournée pour savoir de ses

---

(1) Voir *Saint Vincent de Paul et sa mission sociale*, par Arthur Loth, p. 153 et 162.

(2) Saint Ambroise, *de Virginib.* lib. III.

nouvelles, et encore ce matin, mais je n'ai pas voulu la voir, me sentant trop peu maîtresse de moi, et sachant que ces entrevues douloureuses font aussi du mal à Gabrielle... Je pense beaucoup à ce que vous souffrez de votre côté, mon cher Emmanuel ; nous compterons pour bien peu notre chagrin si notre chère enfant, se trouvant où Dieu la veut, est tranquille et satisfaite. On l'a placée rue de la Chaise, à *l'hospice des Ménages*, pour lui mettre tout de suite sous les yeux tout ce que peut être appelée à faire de plus pénible une Sœur de Charité ; c'est un excellent moyen d'éprouver la vocation. »

Quelques jours après, ayant appris cette nouvelle, un parent de la famille écrivit à M. de la Chevallerie : « ...Tu as bien préjugé de mon cœur et de celui de ta cousine, en pensant combien cette détermination devait nous intéresser, et même nous émotionner. Nous avons bien pensé à toi, à ta femme, et à ta chère enfant que Dieu appelle à lui. C'est une de ces grandes résolutions qui seront, dans le monde, bien diversement jugées, une de ces épreuves qu'un père et une mère traversent avec douleur pour y applaudir un jour avec joie, quand ils ont, comme vous, le bonheur d'être chrétiens convaincus. Un ange étendra sur vous ses ailes et vous aidera de ses prières, fuyant un monde qui ne vaut guère, pour se faire la servante du pauvre et du malade. Je souffre avec toi à la pensée que ta si aimable, si gracieuse fillette, laissant à d'autres le rôle de la femme du monde où elle était appelée à briller, lui a tourné le dos pour une destinée sans doute meilleure ; et je ne me sens pas encore la force de te dire : réjouis-toi, car à ta place mon cœur, comme le tien, éprouverait bien des angoisses. Je ne sais pourquoi, l'idée m'était parfois venue que ma petite nièce préférerait un jour à la vie du monde une vie de sacrifice [1]. »

La discrétion ne permet pas de reproduire ici certains passages de cette lettre, qui sont trop à la louange de la nouvelle fiancée de Jésus-Christ. La même remarque s'applique à la lettre suivante, datée de l'hôpital militaire de Palerme, 21 novembre de la même année 1862, et adressée à Madame de la Chevallerie par une de ses cousines, Fille de la Charité, qui avait été récemment envoyée en Sicile :

« Ma chère cousine, je veux te dire moi-même toute la part que je prends à ton grand sacrifice. Le bonheur personnel que j'éprouve à savoir cette chère Gabrielle dans la famille de saint Vincent, ne me fait pas oublier qu'elle laisse un père et une mère qui la pleurent toujours, tout

---

[1] Lettre de M. le comte de Tudert, 10 octobre 1862.

en reconnaissant et en répétant, j'en suis sûre, *qu'elle a choisi la meilleure part*, et qu'elle sera plus heureuse, humble Fille de la Charité, que femme du monde, même pieuse. Il faut convenir que cette charmante enfant est doublement digne de vos regrets...

« La première fois que tu as bien voulu me présenter ta chère fille, à Paris, j'étais bien loin de deviner les desseins de Dieu sur elle. L'hiver dernier, lorsque vous vîntes encore me retrouver, notre conversation fut si sérieuse et Gabrielle me parut si réfléchie, que je me demandai ensuite si elle n'avait pas un commencement de vocation religieuse... Je t'avoue, ma chère Caroline, que j'ai été émue jusqu'aux larmes en apprenant cette grande nouvelle...

« Adieu, bien chère cousine ; offre, je te prie, mon souvenir à M. de la Chevallerie, et assure-le de toute la part que je prends au chagrin que lui cause l'absence de sa chère fille. Je demande à Dieu qu'il vous donne toutes les bénédictions que vaut ce sacrifice... »

En décembre 1862, après quelques mois de postulat, Gabrielle eut le bonheur de se voir admise, en qualité de novice, à la maison-mère de la rue du Bac. Une de ses amies, qui était allée lui faire une visite, écrivait à Madame de la Chevallerie, le 3 février 1863, une lettre charmante dont voici un extrait : « ...J'ai eu le bonheur d'embrasser Gabrielle ; elle se porte à merveille, elle est engraissée d'une manière étonnante, à ce point que j'avais peine à la reconnaître. Il est vrai que l'affreux costume qu'elle porte en ce moment la change complètement, et, je l'avouerai, ne la rend pas belle du tout. Impossible de trouver une jolie personne avec ce bonnet blanc à barbes, ce petit ajouté de soie noire par dessus, et un fichu de paysanne ; cela fait un effet indescriptible et presque comique ; mais il n'y a que cela de changé dans notre chère novice, car son cœur est toujours aussi tendre. C'est avec une vive émotion qu'elle me parlait de toute sa famille, et, malgré la joie et le calme qu'elle éprouve en étant dans sa vocation, du chagrin qu'elle ressent d'être loin de vous et des vôtres ; son caractère est le même que celui qu'elle avait dans le monde, elle est toujours aussi simple, bonne et affectueuse. Je vous plains, Madame, de ne plus l'avoir auprès de vous, mais elle est si heureuse d'être où Dieu l'appelle, que ce sera votre consolation [1]. »

Madame de la Chevallerie sentit en effet s'adoucir l'amertume de la séparation, à la pensée du bonheur dont jouissait, au sein de sa retraite, celle qui

(1) Lettre de Mademoiselle T***. de Bizemont.

l'avait quittée. C'était pour son cœur une grande consolation d'apprendre, par les lettres de la chère novice, combien celle-ci se trouvait heureuse au milieu des pieux exercices du Séminaire, où elle apprenait de plus en plus « à faire sa volonté de celle de Dieu, s'établissant ainsi dans une sainte indifférence, goûtant une quiétude et une paix dont rien dans le monde ne peut donner une idée. »

« Ma chère petite mère, écrivait-elle, loin de vous affliger de mon éloignement, quel sujet n'avez-vous pas plutôt de vous réjouir ? Me voici à l'abri des dangers de ce monde, la paix est dans mon cœur, je possède le plus grand bonheur que je puisse espérer ici-bas. Ah ! c'est maintenant que je comprends que le bonheur est en Dieu seul. Comme dans le sein de Dieu on est autre ! Depuis que je ne cherche plus que lui, je ne me sens plus la même ; je sens mourir la nature et naître en moi une autre vie, la vie de Dieu. C'est ce que je désirais depuis longtemps. Ne sentir que par Dieu, ne voir que par Dieu, n'aimer qu'en Dieu, n'est-ce pas le ciel sur la terre ? Aussi, qu'il faut travailler pour en arriver là ! Mais ce travail ne m'effraie pas, et je vois que chaque effort, que même le simple désir est suivi d'un commencement de bonheur. Ainsi, chère mère, vous devez me sentir heureuse d'une joie que personne ne pourra me ravir. Mon grand bonheur ici, c'est de pouvoir *toujours prier*. Je pense beaucoup à vous tous dans mes prières... Que je voudrais vous voir partager mon bonheur ! »

CHAPITRE VIII

Sœur Gabrielle est envoyée à Cambrai. — Mort de son père. — Douleur de Madame de la Chevallerie. — Elle va voir sa fille. — Nouveau sacrifice.

Son noviciat étant achevé, celle qui portera désormais le nom de Sœur Gabrielle fut envoyée à Cambrai. Le 8 septembre 1863, peu de jours après son arrivée, elle écrivait à sa mère : « Depuis lundi je suis à Cambrai, à la Fondation Vander-Burch, où l'on trouve réunies à peu près toutes les œuvres. Il y a des jeunes filles internes, des enfants externes, un asile, la visite des pauvres, une pharmacie, etc... En quittant le Séminaire, où je laisse tant de personnes auxquelles je suis attachée par les plus forts liens de l'affection et de la reconnaissance, il m'a semblé que je quittais de nouveau ma famille. Quand je me suis vue *embarquée en chemin de fer, pour la première fois toute seule*, j'aurais presque perdu courage si je n'avais élevé mon âme vers Dieu. Qu'il devient alors consolant de penser que tous les divers événements de notre vie ne sont plus l'effet de notre propre goût, qui s'égare souvent, mais d'une puissance suprême, parfaitement bonne, qui agit pour notre plus grand bien. Avec cela, l'on irait je ne sais où, et l'on marcherait sur son cœur si Dieu l'exigeait.

« La Mère générale a été pour moi d'une bonté parfaite et dont je sens les heureux fruits par le choix qu'elle m'a fait de cette maison. Je sens qu'elle a eu égard au passé, et n'a pas voulu me tenir trop hors de l'eau. Chère petite mère, que vous vous réjouiriez si vous me voyiez ici ! — Et cette prise d'habit, et cette cornette, quel effet tout cela t'a-t-il produit, me demanderez-vous ? — J'ai conservé durant ma retraite un calme parfait, en sorte que toutes mes impressions se sont profondément gravées dans mon cœur.

« Quoique nos prises d'habit ne se fassent pas dans une chapelle et aux yeux du public, elles n'en sont pas pour cela moins solennelles ; j'ose même dire qu'elles le sont plus, ou, du moins, elles sont plus touchantes, plus recueillies ; l'âme entre avec son Dieu dans une sainte union que rien ne dérange. Ce jour-là, j'ai si bien senti que je ne m'appartenais plus, que j'étais toute à Dieu !... Je voudrais qu'il en fût tous les jours ainsi ; mais Dieu ne le permet pas, et il en retire parfois le sentiment afin de nous donner plus de mérite, car, je vous l'avoue, dans ces moments on n'envie rien aux anges du ciel. Je me suis sentie soulagée d'un grand fardeau : celui de l'avenir ! Maintenant il est déterminé. Oh ! qui m'aurait dit, il y a un peu plus d'un an, que Dieu me réservait un don si magnifique ! »

Quelques jours plus tard, un nouveau message venait compléter le premier, et satisfaire la tendresse de la mère si avide de détails au sujet de sa fille. « Que je bénis Dieu, chère mère, de ce qu'il vous a donné tant de lumières, qui font votre joie et votre consolation dans votre sacrifice ! Comme je me sens soulagée à cette pensée que vous partagez presque mon bonheur ! Il est si pénible d'être pour les autres un sujet de peine ! et c'est ce qui a lieu pour ceux qui n'ont aucune idée de cette vie toute surnaturelle... Ne pensez-vous pas que j'ai dû trouver le monde bien grand, lorsque j'ai mis le nez dehors pour la première fois ? Mais non, pas trop ; le Séminaire nous habitue tant à être seules ! Seulement j'ai eu de la peine à croire que ce fût bien moi qui étais là. Ainsi, dans une salle d'attente où j'ai dû m'arrêter une demi-heure, il y avait un monsieur plongé dans son journal ; il avait à ses côtés sa fille, de mon âge à peu près, et habillée comme *Gabrielle d'autrefois*, petit chapeau, etc... Je vous avoue qu'un moment je crus rêver ; il fallut bien des fois me regarder et me dire : C'est bien moi qui suis une pauvre petite Sœur de Saint-Vincent, et non pas cette jeune fille qui est là. Il me semblait être encore à la gare de Vivonne, avec mon père, et la Sœur Marie de Saint-Marc assise devant nous. Une dame m'aborda et me donna une commission pour une Sœur de Cambrai ; je lui répondis, bien doucement, comme je voyais vous répondre autrefois une Sœur à laquelle vous parliez. Que c'est étrange !.. Et tout cela s'est fait dans un an !... Je ne me reconnais plus du tout, je ne suis pas du tout habituée à moi ; au milieu de tout cela je ne sens qu'une chose, c'est que je ne voudrais pas changer de rôle et me trouver à la place de tous ceux qui tournent autour de moi...

« Comme je suis heureuse ici, et comme cette vie me plaît ! J'ai été presque tous les jours visiter les pauvres. Que de misères, mon Dieu ! Comme c'est affreux de voir ses frères accablés de maux ! Oh ! que le riche aura un compte rigoureux à rendre pour le bien qu'il ne fait pas comme il y est obligé !..

« Le matin, je vais au pansement qui se fait à la maison. On voit là un peu de tout : des saignées, des dents à extraire, des enfants teigneux auxquels il faut arracher les cheveux ; j'enlève la teigne : voilà mon début ! Je me contente, pour le moment, de voir saigner, et arracher les dents ; mais je sens que je m'y mettrai facilement. Je vous assure que j'ai fait un grand pas sous le rapport des impressions ; je ne doute pas qu'avec la grâce de Dieu je ne puisse me mettre à tout. ce qui me console grandement.

« Je ne veux ni vous exciter à venir me voir, ni vous en détourner ; j'abandonne cela à Dieu, il sait mes désirs. Si vous venez, ma joie sera d'autant plus grande et me laissera plus de sécurité, puisque je n'aurai rien fait pour vous y pousser...

« Ah ! croyez-le bien, devant Dieu je vous ai tous là présents dans mon cœur ; tout ce que je puis demander, je le demande pour mes chers parents... Comment va mon père, mon pauvre père ? Pourra-t-il jamais venir me voir ? Embrassez-le de tout mon cœur et dites-lui bien que je l'aime. Et vous, chère petite mère, soyez sûre que je ne vous oublierai jamais, et que vous aurez toujours la meilleure part de tous mes sacrifices. Prions Dieu l'une pour l'autre, afin que nous accomplissions toujours au plus parfait la tâche qu'il nous impose. Je vous envoie une image, afin que mon père voie le costume que je portais avant d'avoir la cornette. »

Le 16 mars 1864, Sœur Gabrielle écrivait à sa mère : « Votre dernière lettre m'a un peu inquiétée au sujet de mon père. Je voudrais bien savoir si son indisposition est passée, et s'il ne souffre plus. Depuis, ma pensée se reporte encore plus souvent vers vous... Sauf ces quelques petites fuites que fait l'esprit vers la famille et la terre natale, j'oublie tout, et les choses de ce monde me deviennent aussi étrangères que derrière les grilles les plus épaisses. Que cette solitude fait de bien ! Elle met dans le cœur des pensées, des sentiments que jamais on n'aurait connus au milieu du bruit du monde ; elle donne une juste appréciation des choses qui agitent le cœur des hommes... En voyant les choses d'ici-bas dans leur affreuse réalité, oh ! alors on se tourne vers Dieu, on se jette en lui... Que le terme paraît beau ! On l'entrevoit dans une vive lumière ; ce n'est plus la fausse joie du monde, c'est la joie véritable. Je suis sûre, bonne mère, que vous éprouvez tout cela dans le silence de vos bois ; notre vie est à peu près conforme, vie de solitude et de sacrifice ; pouvons-nous dire que nous sommes si séparées ?... »

Dans une lettre datée du 13 avril suivant, on retrouve, plus accentuées encore, les mêmes inquiétudes sur la santé d'un père si aimé. Ces inquiétudes ne devaient pas tarder, hélas ! à se vérifier. Quinze jours plus tard, M. de la Chevallerie expirait dans les sentiments de foi et de piété les plus vifs, après une longue maladie à laquelle les émotions et le chagrin n'avaient pas été étrangers. En apprenant sa mort, M. le curé de la cathédrale de Poitiers s'écria : « Il y a un saint de moins dans la ville ! »

Le Seigneur n'avait pas voulu différer davantage, pour cet homme de bien, la récompense du sacrifice qu'il avait fait avec tant de générosité, et qu'à ses derniers moments il avait en quelque sorte renouvelé avec un courage non moins héroïque. En effet, M. de la Chevallerie, sentant sa fin approcher, avait demandé et obtenu que sa fille vînt passer quelques jours auprès de lui. Il se consolait à la pensée qu'elle serait là pour recevoir son dernier adieu et son dernier soupir. Mais réfléchissant ensuite à certains ennuis auxquels ce voyage exposerait sa chère enfant, il ne voulut plus qu'on la fît venir. Et pourtant il est difficile de s'imaginer combien cette privation lui était sensible. Torturé par la violence de la douleur, le pauvre père se tordait les mains, et, le visage baigné de larmes, il s'écriait, en prenant le Ciel à témoin de ses souffrances : « Mon Dieu, vous savez tout ce qu'il m'en coûte ! »

Des scènes si poignantes se passaient sous les yeux de Madame de la Chevallerie. De quelque côté qu'elle se tournât, elle ne rencontrait que sujets de tristesse. L'aîné de ses fils, alors marié depuis deux ans, lui avait causé de longs soucis à la suite de l'accident subi dans son enfance ; la mauvaise santé du cadet sorti de Saint-Cyr le 1er octobre 1860, lui inspirait de vives inquiétudes ; Dieu lui avait demandé le sacrifice de sa fille unique, et maintenant il venait de lui imposer celui de son mari. Mille glaives perçaient à la fois son cœur de mère et d'épouse, faisant de sa vie *une croix et un martyre.*

La mort de M. de la Chevallerie fut pour Sœur Gabrielle un vrai coup de foudre. Voici comment elle épanche son âme dans celle de sa mère :

« Ma bonne mère.

« Laissez-moi pleurer avec vous, et me dédommager d'être si loin de ceux près desquels j'aurais tant besoin de me trouver. Oh! pourquoi m'avez-vous laissée dans une si douce illusion ? Je m'attendais tous les jours à voir mon pauvre père, à l'embrasser; j'avais si grand besoin de lui donner des témoignages de ma vive affection !... Mais, dites, est-ce bien vrai que je ne le verrai plus jamais, jamais en ce monde ?... J'attends de vos nouvelles et des détails avec la plus vive impatience. Chère mère, ne vous laissez pas trop aller à l'abattement ; c'est bien à moi, chère mère, à vous prêcher le courage quand je m'en sens si peu. Cependant, moi, je ne suis pas si seule, je suis entourée de ces témoignages d'affection qui sont réels et font du bien. Toutes nos Sœurs, je vous assure, prient bien pour mon père.

« En m'enlevant ainsi mon pere, tout juste au

moment où mon cœur tressaillait à la pensée de le voir et de l'embrasser, Dieu me fait chèrement payer le don suprême qu'il m'a fait en m'appelant à la vie religieuse... Quelle consolation pour vous d'être si près de la tombe de mon père ! Oh ! comme j'aimerais m'y rendre le soir par ces belles allées ! S'il vous plaît, allez-y quelquefois à ma place et demandez pour moi, à mon pauvre père, qu'il m'obtienne tout ce qui m'est nécessaire, et surtout de bien aimer le bon Dieu, etc... »

Pendant les années qui suivirent la mort de son époux, Madame de la Chevallerie habita souvent Paris. C'est là que se trouvait comme dans son élément cette femme si heureusement douée pour briller dans le monde. Choisissant sa société, recherchant le contact des intelligences supérieures, elle pouvait satisfaire ses goûts distingués et délicats. Même après la cruelle épreuve qui venait de la frapper, elle demeura, avant tout, la femme du grand monde. Si fermes que fussent ses convictions religieuses, notre chère défunte, — pourquoi craindre de le dire ? — sacrifiait alors trop souvent les pratiques de la vie chrétienne aux exigences de la société. Élevée dans des principes qui se ressentaient de l'influence du jansénisme, elle était portée à un excès tout opposé à celui qui est devenu trop commun de nos jours : sa conscience ne lui permettait pas de concilier les devoirs de la religion avec les habitudes de la vie mondaine.

Au mois de mai 1865, elle fit le voyage de Cambrai pour voir sa fille. Après tout ce qui s'était passé depuis la séparation, on devine combien l'entrevue fut émouvante. Au retour de cette visite, Madame de la Chevallerie se sentit toute consolée. Cependant Dieu allait lui demander un nouveau sacrifice. Sœur Gabrielle devait quitter la France. L'obéissance ouvrait à son dévouement un nouveau champ de bataille. Ses aïeux et son père avaient accompli de nobles exploits en Allemagne, en Italie et en Espagne : sous l'humble bure et sous la blanche cornette de la Fille de Saint-Vincent de Paul, sans autres armes que son chapelet et son crucifix, la descendante de ces vaillants guerriers allait pousser jusque sur des rivages lointains et inconnus à ses ancêtres les saintes expéditions de la charité.

CHAPITRE IX

Alexandrie. — Tendresse d'une mère.

C'est de Cambrai que, le 30 décembre 1865, Sœur Gabrielle avait adressé à sa mère ses vœux pour l'année qui allait commencer. Le 8 février suivant, elle lui écrivait d'au delà des mers : « Me voici à Alexandrie, bien loin de vous, mais pourtant toujours bien près par la pensée et par le cœur. »

Lorsqu'il s'agit de ce départ, Madame de la Chevallerie ne se montra pas moins courageuse que sa fille. Aussi, dans la même lettre, cette dernière ajoutait : « Je pense d'autant plus à vous, chère bonne mère, que je vous dois une reconnaissance de plus. J'ai éprouvé que vous m'aviez donnée sincèrement au bon Dieu ; votre générosité à mon départ m'a donné du courage. Je puis dire que je ne vous ai pas quittée; vous partagez mes faibles sacrifices... C'est la Providence qui a fait ce voyage : le temps a été exceptionnellement beau, je n'ai éprouvé aucune souffrance. Nous nous sommes arrêtés à Messine ; c'était le soir, j'ai joui d'un coup d'œil magnifique. Le ciel, la mer et la terre, la pureté de l'air, l'harmonie de la langue, tout me portait à louer Dieu ; alors je me félicitais de lui appartenir, je pensais à mon pauvre père et il me semblait jouir de son bonheur. Tout le temps de mon voyage j'ai été dans un calme parfait. »

Le récit de la traversée est suivi d'une description de la ville d'Alexandrie « véritable Babel par la confusion des langues, et où la diversité des costumes n'est pas moins grande que celle des visages, qui offrent toutes les nuances depuis la peau la plus noire jusqu'à la plus blanche. »

La lettre se termine ainsi : « Je vous quitte pour aller vous retrouver bientôt au pied du tabernacle ; là je pense à vous et je parle de vous. Qu'il en soit de même de vous, chère mère. Oh ! oui, quand vous entrez dans une église, offrez-moi toujours à Notre-Seigneur, comme une victime disposée à tout souffrir pour soulager mon père, sauver les miens, détourner de ma famille et de mon pays les accidents et les maux de cette vie ; alors vous entrerez dans ma pensée et mes sentiments.

« Mon nom ici est Cécile ; pour vous je suis toujours Gabrielle, qui vous aime de tout son cœur. »

Sœur Cécile — qui pour les lecteurs de cette notice continuera aussi d'être toujours Sœur Gabrielle — fut fixée par son office au pensionnat que les Filles de la Charité dirigent à Alexandrie, dans leur établissement si bien nommé *Maison de la Providence*. Mais, sachant combien elle était heureuse de servir les malades et les pauvres, ses supérieures lui permettaient de temps en temps de suivre cet attrait. C'était ordinairement le jeudi, jour de congé pour les élèves.

Toute la matinée, depuis six heures et demie jusqu'à onze heures, elle aidait les Sœurs occupées au service si laborieux du dispensaire, cette école de renoncement, qui a souvent arraché aux visiteurs étrangers ce cri d'admiration : « Nous n'aurions jamais cru que la charité et le dévouement puissent aller jusque-là ! »

Quatre ou cinq Sœurs debout sans relâche sont employées à des pansements de toute sorte, et à la préparation des remèdes qu'elles distribuent gratis aux malheureux qui affluent journellement.

Une salle très vaste, mais insuffisante pour contenir en même temps toutes ces misères humaines, se remplit plusieurs fois jusqu'à midi. On y voit se presser des gens de toutes nations, de toutes mines et de tous maux. Là se rencontrent les types les plus variés : le sauvage se tient accroupi à côté de l'Européen ; le Grec, le Turc, l'Arabe, le Bédouin ;

jeunes gens et vieillards, femmes et enfants, hommes libres et esclaves, tout y est mêlé.

Deux *Cavass* ou *Kaouass* (janissaires) se tiennent en faction à la porte du dispensaire, durant le pansement ; et c'est à peine si leur long sabre recourbé, et les pistolets suspendus à leur ceinture aux couleurs voyantes, les rendent assez redoutables pour maintenir l'ordre au milieu de cette foule impatiente.

On aimera lire ici, sur ce sujet, les détails qui suivent :

« Je vous ai déjà fait la description de notre dispensaire. Nous avons peine à suffire pour soulager tant de malheureux, mais notre bon ange nous vient en aide. Nous avons eu, dans une matinée, six cents personnes ! J'étais du côté des hommes, qui sont toujours plus patients et plus silencieux ; ma compagne était du côté des femmes, qui, avec leurs enfants, *crient passablement*. Vous comprenez la nécessité de l'ordre et du silence pour pouvoir donner à chacun le remède ou faire le pansement nécessaire. Nous commencions donc toujours par leur crier ce mot arabe : اقعد *Okode*, ce qui veut dire asseyez-vous ; mais le plus souvent il fallait joindre le geste à la parole. Dès que j'avais casé tout mon monde, je commençais ma tournée. J'allais au premier en disant : ܥܡܟ *Wahazeh* : Qu'avez-vous ? Alors on me présentait une jambe ou un bras blessé, etc. Après avoir employé le remède convenable, je passais au second, puis au troisième et ainsi de suite, renouvelant la même demande et faisant usage, tour à tour, de charpie, d'onguent, d'emplâtres, d'eau pour les yeux, d'eau-de-vie camphrée, etc. Parfois un malade s'engageait dans des réponses prolixes à m'y faire *perdre mon arabe*. Je secouais la tête en disant : طيّب ستنّا *Taïèbe stanna* : C'est bien, attends un peu, et j'allais à un autre plus pressé. Beaucoup avaient un billet du médecin, sur lequel je n'avais qu'à lire en bon français le remède qu'il fallait appliquer.

« Ma compagne s'amusait de me voir faire mes premières consultations. Elle me disait en riant que j'avais l'air d'une reine, tellement elle me voyait calme au milieu de tout ce monde. Pourtant je devais perdre ce calme lorsque, de nouveau, on ouvrait la porte pour laisser entrer une centaine d'autres personnes. C'était alors à qui crierait le plus fort : حكيم حكيم باشا *Ackim, ackim Pacha*, c'est-à-dire *Docteur du Pacha* ; c'est ainsi qu'on nous appelle. Vous seriez-vous jamais doutée, chère petite mère, qu'un jour votre Gabrielle porterait un pareil nom, et qu'elle parviendrait au titre de *Docteur du Pacha* !!... »

A la suite de ces intéressants détails racontés avec tant de charme, on retrouve, dans la même lettre, la note grave, la pensée sérieuse et élevée, le sentiment religieux jaillissant sans effort d'une âme adonnée tout entière, pour Dieu, à ses œuvres de dévouement et de zèle : « C'est dans l'accomplissement fidèle de tous ses devoirs que se trouve le vrai bonheur en ce monde. Le temps de la vie est vite passé. Rien ne m'en montre mieux la brièveté que quand je vois étendus sur des planches de malheureux jeunes gens dans la force de l'âge, en proie à une maladie mortelle. Hier ils étaient plongés dans l'ivresse des plaisirs, prêts à nous railler, peut-être, en nous voyant passer ; et aujourd'hui ils nous appellent, ils nous remercient avec reconnaissance. Si, moi, je pleure le sort de ces pauvres gens, quelle miséricorde, quelle tendresse le cœur de Dieu n'aura-t-il pas pour eux, surtout quand il verra un cœur humain prier et souffrir pour le salut d'une âme ! »

On vient de voir l'emploi que Sœur Gabrielle faisait de ses matinées du jeudi. Voici comment elle passait le reste de cette journée de congé : Après avoir dîné à la hâte, elle se rendait, avec quelques compagnes désignées pour le même office, soit dans la ville, soit dans les villages d'alentour, afin d'exercer un nouveau ministère de charité. C'était l'heure de la sieste : il fallait affronter les ardeurs d'un soleil brûlant, gravir des sentiers difficiles, porter au bras un panier rempli de médicaments, aller parfois bien loin pour ne rentrer que le soir, sans s'être assis un seul instant, ni avoir accepté un verre d'eau. Mais il s'agissait de visiter de pauvres malades, de leur porter des secours et de régénérer des enfants moribonds ! La seule pensée d'ouvrir le ciel à ces petites âmes faisait oublier la fatigue et la soif. Dans des réduits à moitié sauvages, où nul étranger n'a le droit de pénétrer, les Sœurs sont toujours accueillies favorablement, comme des anges de miséricorde.

Ces visites ont un cachet assez singulier d'originalité dans la manière dont les visiteuses sont reçues. On peut en juger par cette courte narration :

« Jeudi dernier, j'allai visiter quelques familles pauvres d'Alexandrie. C'est bien ici, chère mère, la ville des contrastes. En traversant les quartiers européens, je me crois tantôt en France, au milieu de Paris, puis, tout à coup, je tombe dans une rue d'Athènes et dans un faubourg de Constantinople. Du quartier des Juifs je passe dans celui des Arabes. Ici rien ne ressemble à ce que j'ai vu ailleurs. On dirait que je suis subitement transportée à cent lieues des humains : ce sont des labyrinthes, des passages obscurs et entièrement déserts; aucun bruit n'en vient troubler la solitude; les fenêtres grillées et fermées des maisons vous feraient croire que tout y est mort.

« Peu à peu, sur notre passage, s'attroupe autour de nous une foule d'enfants qui ne se gênent guère d'entrer avec nous dans les maisons, où ils causent beaucoup de tapage. Les plus petits, ayant peur, se mettent à crier, les mères crient plus fort pour les faire taire et chasser les enfants étrangers, le chien de la maison aboie : c'est le plus magnifique des vacarmes, un charivari impossible à décrire. Voici tout le monde sur pied, chacun sort de son trou pour venir consulter ces médecins ambulants ; les paquets de collyres, de rhubarbe de magnésie sont savamment distribués. »

Dans une autre lettre, après avoir parlé à sa mère de la maison qu'elle habite et de sa classe, Sœur Gabrielle lui raconte une visite faite aux pauvres, dans un village voisin d'Alexandrie :

« Nous sommes près de la mer, et du toit de notre maison, ou, pour mieux dire, de la terrasse, on la voit très bien. Je vous avoue que j'aime beaucoup ces promenades aériennes sur la maison ; j'y trouve la solitude... Je m'arrête pour contempler un gracieux spectacle. Je vous écris, chère mère, dans la première classe des pensionnaires, que fait une de mes compagnes du Séminaire. Les enfants étudient et bourdonnent ; malgré cela, voilà de petits oiseaux qui courent sur le plancher en chantant : en voilà un qui s'arrête en face de moi, je puis le contempler à loisir, je crois vraiment qu'il veut faire son nid entre les poutres de bois du plafond, car il a un petit caillou dans le bec. Oh nature ! nature ! vous me portez à Dieu et je vous aime... Ce ne sont pourtant pas les beautés de Maugué; nous touchons au désert, aussi les arbres sont assez rares, et la terre blanche et poudreuse ; mais devant la nature froide et inanimée du nord, c'est très beau...

« Un de ces jeudis, j'ai été avec deux Sœurs de la pharmacie dans un village que l'on appelle Commédie ; j'en suis revenue charmée et heureuse, ce qui ne m'est jamais arrivé au retour des villages de France, qui ne m'ont fait ressentir qu'une grande tristesse. Il faut aussi dire que tous les villages d'Égypte ne ressemblent pas à Commédie ; cependant on peut juger, d'après le climat et la sobriété de ce peuple, que les misères de la vie sont moins grandes qu'en France. La population est d'une rare beauté ; je ne pouvais me lasser d'admirer ces enfants, et ces femmes toujours voilées au dehors et à peine couvertes au dedans ; leurs traits respirent une grande pureté : il n'y a pas, comme sur les enfants pauvres de France, cette expression du vice qui nous désolait. Les vieillards me représentaient si bien le patriarche Abraham ! Ils sont bons et affables ; aussi le cœur s'attriste de ne pouvoir même essayer de faire pénétrer la lumière dans ces cœurs naturellement bons.

« Rien de gracieux, malgré l'absence, ou plutôt grâce à l'absence de l'art humain, comme ces habitations : on dirait des ruines ; souvent le pas de la porte est une colonne à moitié enfouie dans la terre ; le pavé de la cour est un marbre blanc ombragé par un palmier. C'est autour de ce palmier que se tiennent assises sur leurs talons quatre ou cinq femmes d'un seul maître, avec leurs enfants ; je ne sais si la paix est toujours entre elles, tous les intérieurs que j'ai visités ce jour-là m'ont paru calmes. C'est dans un de ces intérieurs que, dans cette excursion, je me suis baissée sur un pauvre petit moribond de quelques mois, une bouteille d'eau à la main, et lui en ai versé sur le front, en tremblant, et en disant tout bas : « Emmanuel, je te baptise, etc. » J'ai donné le même jour au bon Dieu une *Caroline*, une *Aimée*, un *Olivier*, etc., car j'ai baptisé six petits moribonds cette première fois.

« Vous ririez, chère mère, de nous voir faire nos visites de malades. On entre partout en enfonçant la porte à coup de parapluie : c'est notre ombrelle, et notre bâton pour écarter une nuée d'enfants qui nous poursuivent, comme ils poursuivent en France les charlatans, tout cela pour avoir une poudre que nous distribuons pour soulager la vue, mais qu'ils préfèrent manger parce qu'elle est composée avec du sucre[1]. »

(1) Lettre du 16 mars 1866.

Celle qu'on vient de voir occupée tour à tour à la classe, au dispensaire, aux visites des malades et des pauvres, ne négligeait rien pour faire plaisir à sa mère. Sa piété filiale la rendait ingénieuse, et chacune de ses lettres, contenant toujours quelque nouveau détail intéressant, était un véritable baume pour le cœur de celle qui l'avait si généreusement donnée à Dieu.

Le 19 juillet 1866, le jour même de la fête de saint Vincent de Paul, Madame de la Chevallerie recevait d'Égypte des photographies ardemment désirées. Elles étaient accompagnées d'une lettre explicative :

« Vous me voyez ici avec une de nos pensionnaires qui nous est arrivée depuis peu de temps. Son histoire la rend très intéressante.

« Elle vient de loin, du fond des déserts. Son père, qui était parisien, avait épousé une cophte dans ces pays sauvages. Après la mort de sa femme, il s'embarqua avec sa jeune fille, dont vous voyez ici le portrait, et toute sa colonie d'esclaves ; mais il mourut lui-même pendant la traversée.

« Sa pauvre enfant est ainsi arrivée bien tristement à Alexandrie. Le consul l'a prise sous sa protection en attendant des nouvelles de sa famille de France, à laquelle on a écrit aussitôt. On a placé cette jeune fille ici, et ses parents nous écrivent de la garder jusqu'à ce qu'elle sache parler français, car elle ne comprend que l'arabe.

« Par ce portrait vous aurez une idée du costume du pays, bien qu'on en voie d'autres sortes à l'infini. Ici, dans la photographie, elle porte une robe très légère, d'une espèce de crêpe d'un très beau rouge et brodée d'un feuillage en fil d'or ; sa ceinture est aussi travaillée en or avec l'agrafe du même métal. Ses boucles d'oreilles sont en diamant, ainsi qu'une de ses bagues ; les autres sont en pierreries d'un vert opaque. Sur la tête, un tarbouch en velours noir entièrement brodé d'or. Voilà son costume d'intérieur. Lorsqu'elle sort, elle met une chemise de soie rouge, et, sur la tête, un grand voile de soie blanche qui l'enveloppe jusqu'aux pieds. Elle porte maintenant le costume des pensionnaires, ce qu'elle préfère grandement... »

Quelques semaines plus tard, l'heureuse mère pouvait croire qu'elle assistait elle-même à la distribution des prix de ce cher pensionnat d'Alexandrie, tant était vive et animée la description que sa fille lui en retraçait, de cette plume facile et élégante que l'on sent toujours être gouvernée par l'amour filial.

Sous le charme de cette narration, il lui semblait être dans « cette vaste cour entourée de cloîtres et plantée de beaux arbres ; en face de ce théâtre en hémicycle, au frontispice duquel étaient arborés la croix de Jérusalem et le drapeau de la France. Les jeunes filles, vêtues de blanc, étaient échelonnées sur les gradins ; au pied du théâtre on voyait : le consul général, le patriarche, l'évêque, les commandants de frégates, l'état-major de la marine française. Derrière eux se pressaient des parents, des amis, des pachas, une foule compacte. » Vient ensuite le programme de la fête : « La musique européenne, un récit français débité par une toute petite fille, une fable italienne récitée avec des gestes très expressifs par une élève un peu plus grande, un dialogue anglais, une pièce française avec costume du temps de Louis XIV, un compliment au consul, et enfin la distribution des prix aux pensionnaires et aux externes. »

Ces citations donneront une idée des missives si intéressantes sous tous rapports, qui arrivaient alors des bords du Nil. En remplissant l'âme de la généreuse mère de consolation et de force, elles lui allégeaient le sacrifice de l'absence. Il faut renoncer à redire la joie, les tressaillements de son cœur à la lecture des lettres de sa chère Gabrielle. Pour s'en rendre compte, il faudrait connaître toute l'exquise sensibilité que Madame de la Chevallerie cachait sous des dehors graves et austères. Il faudrait connaître aussi toute son affection à l'égard de sa fille. Deux traits, qui réclament ici leur place, donneront une idée de sa tendresse maternelle.

Visitant un jour un musée avec une de ses parentes, elle aperçut un groupe dans lequel était représentée une Fille de la Charité. Laissant aussitôt tout le reste, elle se dirige vers ce groupe devant lequel elle s'arrêta longtemps, ne pouvant se lasser de contempler un objet qui lui rappelait sa Gabrielle. Ce fut la seule chose qu'elle eut envie de voir.

Une autre fois, dans une rue de Poitiers, elle s'entretenait avec la même personne, lorsque tout à coup elle la quitte brusquement. Qu'était-il arrivé ? Deux cornettes traversaient la rue, Madame de la Chevallerie avait senti son cœur tressaillir et déjà elle avait abordé les deux religieuses pour leur parler de sa fille. Des traits de ce genre se passent de commentaire.

CHAPITRE X

Les Filles de la Charité en Orient. — Sœur Gabrielle à Beyrouth. — Extraits de sa correspondance avec sa mère.

De la France, où, à l'ombre du tombeau de leur vénéré Père, elles s'étaient multipliées comme les grains de sable de l'Océan, les Filles de Saint-Vincent de Paul se sont répandues jusqu'aux extrémités de la terre, et partout la cornette blanche est devenue l'emblème d'une charité poussée jusqu'à l'héroïsme. En Chine et aux États-Unis, à Damas comme à Constantinople où elles excitent l'admiration des Mahométans eux-mêmes, partout elles affrontent chaque jour mille dangers pour accomplir leur admirable mission. « Leur martyrologe est écrit sur toutes les plages, a dit un écrivain illustre. C'est grâce à elles qu'en Orient la France reparaît digne de son grand nom ; et les yeux français, troublés de tant d'humiliations, se consolent en voyant, dans ces lointaines contrées, une palme pure abandonnée sur la tombe glorieuse de ces modestes héroïnes[1]. »

D'Alexandrie, où, depuis près de deux ans, elle partageait ses soins entre les enfants et les malades, Sœur Gabrielle fut envoyée à l'établissement de la *Miséricorde* que les Filles de la Charité dirigent à Beyrouth. C'était au commencement de décembre 1867. A peine arrivée dans cette nouvelle famille de sœurs, elle eut la joie, le jour de l'Immaculée-Conception, de se donner définitivement à Notre-Seigneur, en prononçant les saints vœux de religion.

C'est donc vers la Syrie que se porteront désormais les pensées de Madame de la Chevallerie. C'est de Beyrouth que sa fille continuera de soutenir son courage et de la consoler de l'absence par ses prières et par ses lettres, lui donnant « rendez-vous dans les Sacrés Cœurs de Jésus et de Marie. » Voilà pourquoi il a paru à propos de donner ici une description sommaire de cette antique cité, l'une des plus importantes des côtes de la Syrie, qui présente un tableau animé des plus curieux de la vie franco-syrienne. Cédons la parole à M. Victor Guérin, dont on connaît les importantes publications sur la Terre Sainte :

« Il est peu de villes qui soient aussi agréablement situées que Beyrouth. C'est de sa rade

(1) L. Veuillot.

surtout qu'il faut la contempler, pour l'embrasser tout entière d'une même vue d'ensemble et saisir à la fois les divers avantages que la nature et l'homme lui ont donnés. Il est difficile alors de n'être point frappé d'admiration, en présence de cette jolie cité qui s'élève en amphithéâtre au-dessus de son port, et dont les édifices, les maisons et les villas sont groupés ou disséminés sur les pentes de riantes collines parsemées d'arbres, de fleurs et de verdure ; derrière ces collines, d'autres apparaissent plus hautes et cultivées également d'étage en étage. Çà et là, elles sont tachetées de points blancs qui indiquent autant de villages, de hameaux ou de couvents. A l'horizon, enfin, se montrent les gigantesques cimes du Liban, aux formes les plus majestueuses et les plus imposantes, et auxquelles une éblouissante couronne de neige sert comme d'une parure argentée pendant les trois quarts de l'année. Tous les détails de ce vaste panorama s'animent dès l'aurore et resplendissent sous la voûte azurée d'un ciel profond, et au sein d'une atmosphère diaphane qui semble rapprocher les distances et dessine merveilleusement les contours de chaque objet. Au coucher du soleil le spectacle change et devient encore plus sublime, car tout alors se revêt de couleurs qu'aucun pinceau ne saurait reproduire, et où les nuances les plus délicates de la rose et du lilas se marient d'abord ensemble pour se fondre ensuite dans une teinte violacée qui s'assombrit de plus en plus, jusqu'à ce qu'enfin, après un court crépuscule, la nuit arrive avec ses ténèbres, que percent bientôt les lueurs lointaines et scintillantes des innombrables étoiles dont se peuple le firmament.

« Assise mollement adossée à ces montagnes et à ces collines, au milieu d'une riche végétation qui descend jusqu'à la plage, les pieds baignés par les vagues, Beyrouth, selon l'expression des Arabes, ressemble à une gracieuse sultane accoudée sur un coussin vert et contemplant les flots dans sa rêveuse indolence[1]... »

De l'antique Berytus, il ne subsiste plus que de nombreux fûts de colonnes, soit en marbre, soit principalement en granit, qui sont dispersés de tous côtés ; le long de la mer, des restes de quais, de murailles et de magasins, des excavations pratiquées dans le roc, qui peuvent avoir été des bains ou de simples caves recouvertes jadis par des constructions depuis longtemps démolies, des hypogées funéraires, des sarcophages brisés ou intacts, des débris de mosaïques, et une quinzaine d'inscriptions grecques ou latines, mutilées pour la plupart.

Lorsque les Sœurs de la Charité construisirent

---

(1) Victor Guérin, *la Terre Sainte*, édition illustrée, t. II, p. 106 et suiv.

leur vaste établissement, elles découvrirent, en faisant les fondations de leur maison, les vestiges d'un grand édifice antique, orné de colonnes et pavé de belles dalles. C'était probablement un temple consacré à Jupiter, comme cela semble résulter d'une inscription gravée sur une base qui fut déterrée en cet endroit, et qui maintenant porte une statue de saint Vincent de Paul.

La vieille cité, qui composait, il y a une trentaine d'années, la ville entière, consiste en un dédale de rues et de ruelles étroites, s'enchevêtrant, sans ordre aucun, les unes dans les autres, et au milieu desquelles un étranger a quelquefois de la peine à reconnaître sa route. La ville nouvelle est mieux bâtie; les rues y sont plus larges, et les voitures peuvent y circuler. Les maisons, au lieu d'y être entassées au hasard, sont alignées avec plus de soin, et beaucoup sont espacées les unes des autres, entremêlées qu'elles sont de jardins, où la rose et le jasmin confondent leurs parfums avec ceux de l'oranger, du citronnier et du grenadier.

A Beyrouth, dit le docteur C. Gratz, les usages de l'Orient et ceux de l'Occident sont constamment en contact, et une population qui diffère également par la couleur, le costume et le langage, se presse dans ses rues tortueuses et obscures. Le guide de la caravane du Liban, qui s'avance dans cette ville avec son turban élevé et son habit de dessous bigarré, pousse son mulet avec des cris perçants, tandis que le Bédouin du désert, vêtu de brun, se balance sur son chameau.

L'établissement que les Sœurs de Saint-Vincent de Paul possèdent à Beyrouth est contigu à celui des Lazaristes. « Il comprend à la fois un orphelinat, un pensionnat de jeunes filles, des classes d'externes, le tout renfermant près de sept cents élèves, une école normale primaire, destinée à former des maîtresses laïques, un hôpital qui reçoit par an plus de six cents malades, et un dispensaire que fréquentent par jour trois cents individus au moins, de toutes les religions et de tous les rites, et qui viennent quelquefois de fort loin chercher auprès des Sœurs des médicaments, des conseils et des soins gratuits.

« La fondatrice, la supérieure et l'âme de cette grande maison et des succursales qui en dépendent, est la Sœur Gélas, qui depuis 1847 la dirige d'une main si douce et si ferme à la fois, et dont le nom est justement vénéré par tous ceux qui ont pu apprécier son immense amour du bien, sa charité à toute épreuve et la droiture de son jugement [1]. »

C'est de cette ville et de cet établissement, où

---

1) V. Guérin, loc. cit. p. 110.

elle venait d'être envoyée, que, le 11 avril 1868, Sœur Gabrielle annonçait à sa mère la prochaine arrivée à Paris de la Sœur Gélas, sa supérieure à Beyrouth : « Elle vous donnera sur moi, écrivait-elle, tous les détails que vous pouvez désirer. Je me réjouis à la pensée qu'elle vous verra et pourra, à son retour, satisfaire mon cœur qui n'entend jamais assez parler de vous. »

« J'ai été tout heureuse, ces jours derniers, de n'avoir pas entièrement oublié mon allemand, lui mandait-elle le premier juin de la même année; j'ai eu à soigner une pèlerine allemande que je comprenais et de qui je me faisais comprendre. J'emploie aussi mes loisirs à l'anglais, qui est si répandu. »

Plus loin, elle parle des vers à soie : « ... Nous avons une petite campagne où l'on s'occupe de ces vilaines bêtes qui se font une jolie tente. Ce sont ces petites maisons de soie que j'ai été recueillir avec mes Sœurs; le petit profit qu'on en retire est pour les pauvres, qui sont si nombreux et si délaissés... Je plains ceux à qui il a été beaucoup donné, et qui ne savent qu'inventer pour dissiper leurs biens, sans profit pour eux ni pour leurs frères malheureux... »

Elle ajoutait dans la même lettre : « Mon petit hôpital ne me donne pas de grandes fatigues ; s'il y en a parfois, elles sont bien douces... Nous voyons passer ici quelquefois de vraies curiosités. Récemment, c'était une Parisienne, qui a fait, je crois, le tour du monde. Sa vie est presque aussi excentrique que celle de Sand; elle est pieuse, mais exaltée. Elle a vu tout ce qu'il y a de curieux dans le monde et fouillé toutes les bibliothèques ; comme elle est douée d'une mémoire prodigieuse, sa conversation offrait le plus grand intérêt. L'autre soir nous est arrivée mourante, une Russe qui revenait de Jérusalem ; elle a expiré entre nos bras... »

Dans le cours de l'été de cette même année 1868, Madame de la Chevallerie avait annoncé à sa fille la prochaine visite d'un commandant de vaisseau, excellent chrétien et ami de la famille, lequel se trouvant chargé du Levant, partait pour la Syrie. Peu de temps après, elle recevait les lignes suivantes : « Comment vous exprimer ma satisfaction de ces jours-ci ? Vous l'éprouverez sans doute à votre tour, mais jamais aussi vive. Il faut avoir vécu à l'étranger, au milieu d'une nation si différente de la nôtre, pour comprendre l'émotion du cœur lorsqu'il retrouve quelqu'un qui lui rappelle sa patrie, son pays, sa famille; et voilà l'effet que m'a produit la visite de M. R***, bien que vous me l'ayez annoncée [1]. »

(1) M. E. de la Chevallerie mettait en pratique cette re

C'est ainsi que Sœur Gabrielle trouvait dans les inspirations de son cœur le secret de consoler sa mère de l'éloignement et de supprimer pour elle, autant que possible, la distance qui les séparait. Elle l'introduisait dans sa communauté, elle l'initiait au détail de ses occupations, elle la faisait, pour ainsi dire, vivre avec elle, en lui adressant, aussi souvent que la règle et ses travaux le permettaient, des récits du plus haut intérêt, des descriptions pleines de charme, des lettres tout imprégnées de foi vaillante et de charité à toute épreuve, toujours embaumées du parfum de la piété filiale la plus touchante et de la tendresse la plus exquise.

Les lignes qui suivent portent la date de Beyrouth, 3 janvier 1869 :

«... J'étudie toujours l'anglais, et aussi l'arabe que je commence à lire et à prononcer — très bien — à ce qu'il paraît. A cause de mes pauvres malades, je voudrais bien pouvoir me faire comprendre dans cette langue. Je ne puis vous rendre le bonheur que j'éprouve dans mon petit hôpital. Si je

---

commandation de l'Évangile : *Que votre main gauche ignore ce que fait votre main droite.* A l'insu même de sa femme et de ses enfants, il avait pourvu aux frais de l'éducation du capitaine R... Celui-ci n'oublia pas dans la suite ce qu'il devait à son bienfaiteur. Il conserva pour M. de la Chevallerie et pour sa famille une profonde reconnaissance et un attachement sincère.

savais le dépeindre, vous en jouiriez avec moi. Nous sommes à un rez-de-chaussée ; au-dessus, c'est une terrasse ; les murs sont tapissés de rosiers et de plantes grimpantes. Tout autour il y a de jolies plates-bandes, où je cultive des fleurs qu'on vient gentiment me voler pour parer les autels de la Sainte Vierge. De beaux arbres forment une grande et magnifique allée devant nos fenêtres. Ces arbres, dont le feuillage est délicat et touffu, produisent au printemps des fleurs qui ressemblent au lilas et en ont tout le parfum.

« Mais ce n'est pas tout : l'arrangement de la chapelle met le comble à ma satisfaction, en me procurant le bonheur d'être un peu plus souvent auprès de Notre-Seigneur que j'assaille alors de demandes... »

CHAPITRE XI

Inquiétudes de Madame de la Chevallerie au sujet de son fils Olivier. — Blessé à Sedan, il écrit à sa mère.

On conçoit que Madame de la Chevallerie se soit fait un bonheur de se transporter souvent en esprit jusque sur les côtes lointaines de la Syrie, d'où lui arrivaient les lettres dont on vient de lire quelques extraits. Mais en même temps ses pensées et son cœur ne laissaient pas de se tourner aussi vers la terre d'Afrique, où se trouvait alors également une autre partie d'elle-même. Sorti de l'École militaire de Saint-Cyr, son fils cadet, M. Olivier, avait dû se rendre à Blidah, dans la province d'Alger[1]. Il avait obtenu le grade de lieutenant au 1ᵉʳ chasseurs d'Afrique.

---

(1) Blidah avait été appelée par les Arabes la *Rose de la Métidja* ; ses environs sont couverts de vignes et de riches cultures. Elle fut visitée pour la première fois par le maréchal de Bourmont, en 1830. Un chemin de fer inauguré en 1862 la relie à Alger, dont elle est éloignée de cinquante kilomètres au sud-ouest

Lorsque, en 1870, éclata entre la France et l'Allemagne la guerre qui devait être si funeste à nos armes, la mère du soldat sentit redoubler ses alarmes au sujet de celui dont la santé et l'éloignement lui avaient déjà causé de graves inquiétudes. Elle fut pourtant consolée en voyant de quels sentiments chrétiens son fils était animé.

Avant de partir pour la guerre, il avait obtenu de venir passer quelque temps dans sa famille. Déjà muni de la médaille miraculeuse, il ne voulut pas quitter Poitiers sans s'être approché des sacrements. Digne par sa vertu et son courage du nom qu'il portait, il était prêt à donner son sang pas la France; mais, avant tout, il avait voulu faire sa paix avec Dieu, afin d'être disposé à paraître devant lui.

M. Olivier fut blessé à la désastreuse journée de Sedan, le 1er septembre 1870. On ne lira pas sans intérêt la lettre qu'il adressait à sa mère quelques jours après cet accident :

« Sedan, le 6 septembre 1870.

« J'espère, ma bonne mère, que cette lettre vous parviendra et dissipera vos inquiétudes. J'ai été blessé à la bataille de Sedan, par une balle qui m'a traversé l'oreille droite, mais n'a fait, heureusement, qu'effleurer le crâne. J'ai été fait prisonnier à l'ambulance, sur le champ de bataille. On nous a fait entrer à Sedan le lendemain. Je vais aussi bien que possible et j'ai bien de la chance d'en être quitte à si bon marché, car je l'ai échappé belle. Ne vous inquiétez de rien, je suis chez un bon négociant de Sedan, mieux qu'aux ambulances, qui regorgent de blessés. J'ai la tête enveloppée de bandages, mais les jambes sont libres et me permettent de circuler. Je pense que les blessés les plus valides seront dirigés bientôt sur une autre ville ; lorsque je serai arrivé à une nouvelle destination, je vous le ferai savoir. Je ne puis vous donner de détails ; la poste prussienne se charge de faire parvenir nos lettres à la condition qu'elles seront remises ouvertes.

« Notre pauvre régiment a été abîmé... Depuis notre départ de Lunéville, c'est-à-dire depuis plus d'un mois, je n'ai reçu aucune lettre ; je suis désolé de n'avoir pas de nouvelles de ma famille.

« Adieu, ma bonne mère, je vous embrasse et vous aime tendrement,

Olivier. »

Après avoir lu cette missive, Madame de la Chevallerie la fit porter à son beau-frère, en y ajoutant ces quelques lignes :

« Mon cher ami, je vous envoie tout de suite cette lettre. — Que faut-il faire ? peut-on lui écrire ? Je suis souffrante ce matin, et je suis tellement bouleversée que je ne puis vous dire qu'une chose, que je vous aime. »

C. C.

Peu de temps après, le cher blessé était de retour dans ses foyers. Les médecins ayant déclaré que sa blessure n'offrait aucun symptôme alarmant, la confiance commença à renaître dans l'âme de sa mère.

CHAPITRE XII

Mariage de M. Olivier. — Fêtes et souvenirs de famille. — Une excursion à Tripoli.

La 22 août 1871 la famille était en fête : on célébrait le mariage de M. Olivier avec mademoiselle Berthe de Terrasson. La cérémonie eut lieu à Moulidars, en Angoumois[1]. Par une faveur de choix, Dieu gratifia le jeune époux de ce que saint Grégoire de Nazianze appelle *le meilleur de tous les trésors* : il lui donna une compagne aussi pieuse qu'intelligente, dont les aimables qualités et les vertus solides rappelaient *la Femme forte* de la Sainte Écriture. La veille de leur union, tous deux s'étaient agenouillés au banquet eucharistique. Le ministre député par l'Église pour recevoir l'engagement irrévocable de ces deux

---

(1) La noble famille de Terrasson habite le château d'Ardenne, paroisse de Moulidars, canton d'Hiersac (Charente). C'est là que le vénérable père de la jeune mariée, M. Charles-Marie-Cyprien-Gabriel de Terrasson s'est pieusement endormi dans la paix du Seigneur, à l'âge de 75 ans, le 25 avril 1884.

cœurs si bien faits pour se comprendre, était un parent et un ami d'enfance de M. Olivier. Entré depuis quelques années dans la Compagnie de Jésus, le P. Fernand de Bizemont avait reçu la prêtrise le 10 août, quelques jours seulement avant le mariage.

Après treize années de séparation, il avait eu la joie de voir son cousin M. Olivier assister à sa première messe. Par une heureuse rencontre, ce fut lui qui unit les époux et monta à l'autel pour appeler sur eux les bénédictions du Ciel. Cette délicate attention de la Providence, il ne manqua point de la faire remarquer dans l'exorde du touchant discours qu'il prononça en cette circonstance, sur la grandeur du mariage chrétien, lequel a pour type et pour modèle l'union de Jésus-Christ avec son Église.

Une semaine ne s'était pas écoulée depuis ce mariage, lorsqu'une nouvelle fête vint couronner ce mois de bénédiction et réunir encore la famille au pied des autels. Cette fois la cérémonie avait lieu dans la chapelle du couvent des Carmélites de Poitiers, où Mademoiselle Lucille de Bizemont, en religion sœur Marie Emmanuel, prononçait ses vœux, le 27 août, après le saint sacrifice offert par son frère, le R. P. Fernand[1]. Le lendemain 28,

---

(1) Mademoiselle Lucille de Bizemont prit en religion le

l'illustre évêque de Poitiers, Mgr Pie, célébra au Carmel la messe pontificale, et édifia l'assistance par une de ces admirables homélies dont il avait le secret. S'inspirant de saint Augustin, il montra l'excellence de la virginité et signala les écueils que doit éviter la vierge humble et modeste. Il insista beaucoup sur les devoirs de ce saint état, devoirs qu'il résuma surtout dans la vertu d'humilité. D'après le rapport d'un témoin compétent, l'éloquent prélat traita ce sujet « avec une très grande habileté, et une connaissance de la vie religieuse à laquelle n'arrivent pas toujours de saintes âmes, après de longues années passées dans le cloître. »

La profession religieuse de Mademoiselle de Bizemont fit une grande sensation dans le Poitou. Avant que la nouvelle élue obtînt la permission d'affronter la règle du Carmel et de tenter, sans imprudence, l'essai du noviciat, elle avait dû affermir sa santé trop délicate. Aussi tous ceux qui avaient connu dans le monde cette jeune fille si frêle et si pâle, s'étonnaient, après de longs mois d'une vie dont personne n'ignore l'austérité, de la revoir beaucoup plus forte, et tellement fraîche qu'une amie l'appelait *la petite rose de Bengale*

---

nom de Marie Emmanuel en souvenir de son parrain M. Emmanuel de la Chevallerie.

de Notre-Seigneur. C'est que Jésus avait pris soin de la petite colombe qu'il avait appelée dans son arche sainte. En comblant de sa grâce et de son amour l'heureuse fiancée, devenue maintenant son épouse, il savait lui rendre *son joug suave et son fardeau léger* [1].

Tant de graves événements de famille accomplis dans l'espace d'un mois furent pour Madame de la Chevallerie une source d'émotions profondes. En reportant ses souvenirs à quelques années en arrière, elle pouvait voir encore, dans sa pensée, ces joyeuses réunions de vacances, dans lesquelles ses propres enfants se livraient aux divertissements de leur âge avec leurs cousins et leurs cousines de Bizemont, qui venaient tous les ans passer un mois au château de Maugué.

Au fond de cette campagne si pittoresque, quelles délicieuses fêtes de famille, dont aucun étranger ne troublait la douce intimité ! Pendant les belles journées de septembre, les plus grands se livraient, avec leur père et leur oncle, au noble exercice de la chasse ; les jeunes filles partageaient le temps entre la lecture, le travail manuel, et d'agréables excursions auxquelles prenaient part

---

[1] Pour ce qui concerne l'entrée de Mademoiselle de Bizemont au Carmel de Poitiers, voir la *Vie de la R. Mère Thérèse de Jésus (Xavérine de Maistre)* par M. l'abbé Houssaye et Mgr Gay, p. 439 à 443.

les frères et les cousins moins âgés. On aimait à visiter les grottes si nombreuses dans les bois de Maugué, à recueillir les traditions locales qui se rattachent à ces cavernes mystérieuses, à rechercher les souvenirs historiques dont ce pays est si riche.

Le soir, on se racontait les incidents divers qui avaient marqué la journée, on s'exerçait à des jeux variés, on faisait de la musique ; les aînés de la famille, pleins du souvenir de ce qu'ils avaient vu à Brugelette, organisaient des pièces charmantes, que l'on jouait avec un entrain admirable sous les yeux ravis des parents. Puis, à l'heure fixée, la prière du soir, que l'on récitait en commun avec les domestiques, venait mettre un terme à ces journées toujours trop courtes, et suspendre jusqu'au lendemain ces honnêtes délassements, ces jeux innocents qui ne laissaient dans l'âme ni trouble ni remords.

Que de choses s'étaient passées depuis cette heureuse époque ! Ce petit monde avait grandi : il avait fallu se séparer pour suivre, chacun de son côté, la voie montrée par la Providence. Comme ces voies apparaissaient alors pleines de mystères !... Après avoir déjà donné à Dieu une fille [1] et un fils

---

(1) Mademoiselle Marie de Bizemont, qui, ainsi qu'il a été dit au chapitre VI (p. 42 et 43), entra chez les Filles de Notre-Dame, à Poitiers. Elle y mourut à la fleur de l'âge, après avoir

dont les frères s'étaient engagés dans les rangs des zouaves pontificaux, M. le comte de Bizemont voyait les portes du Carmel se refermer sur la plus jeune de ses enfants. Quant à Madame de la Chevallerie, elle suivait, avec le plus vif intérêt, les progrès de la jeune famille de l'aîné de ses deux fils, M. Arthur, alors marié depuis quelques années ; l'union que venait de contracter son cadet, naguère l'objet de si cruelles alarmes, consolait son cœur des sacrifices que Dieu lui avait imposés en enlevant son époux de ce monde, et en appelant sa fille sur une terre lointaine. Cette fille, enrôlée sous l'étendard de la charité, ne pouvait être oubliée dans les solennelles circonstances qui réunissaient alors ses parents et ses proches.

« Ayez confiance, avait dit le P. de Bizemont dans son allocution aux époux, ayez confiance, il est un ange qui veille sur vous, un ange dont le Ciel écoute les prières ardentes... Comme son glorieux patron que Dieu se plaisait à envoyer à la Vierge de Nazareth, notre Gabrielle, elle aussi, nous assiste à l'heure présente, et, sans quitter le trône de Dieu dont elle implore les faveurs, elle sera envoyée vers vous, les mains pleines de béné-

embaumé la communauté du parfum de sa piété. Madame de Rivaud, supérieure de l'Institut, a peint fidèlement cette belle âme dans la notice qu'elle lui a consacrée. — Dans les fêtes enfantines de Maugué, la future religieuse de Notre-Dame tenait le piano.

dictions, au jour de l'épreuve plus encore qu'au jour de la joie. »

Avant de clore ce chapitre, transportons-nous un instant auprès de celle dont le souvenir et le nom étaient associés à ces douces fêtes de famille, tandis que de loin elle-même faisait monter vers le Ciel, en faveur des siens, l'encens de sa prière et la flamme de son sacrifice.

Pendant les vacances de 1871, Sœur Gabrielle avait été envoyée de Beyrouth à Tripoli, la Trablous des Arabes, afin d'y passer les quelques semaines des plus fortes chaleurs, et d'y faire la retraite annuelle dans le bel établissement que les Sœurs de la Charité possèdent dans cette ville[1]. Les saints exercices devaient commencer le 10 août au soir. En attendant l'heure de s'enfermer dans le cénacle de la retraite, la vénérable supérieure pro-

---

(1) Cet établissement fut fondé en 1863. Deux cent cinquante jeunes filles, appartenant à tous les cultes, fréquentent les classes comme externes pendant la mauvaise saison; elles sont moins nombreuses l'été. Les Sœurs recueillent, en outre, durant l'hiver, une foule de pauvres petits Maronites qui errent alors dans les rues, implorant la pitié des passants. Elles tiennent également un dispensaire qu'assiègent chaque matin de nombreux malades, tant chrétiens que musulmans. Enfin, sous la direction de leur digne et sainte supérieure, la Sœur Ramel, qui depuis vingt ans est à la tête de cette maison, elles viennent de fonder dans leur établissement une filature pour les jeunes filles indigentes qu'elles soutiennent, afin de les empêcher d'aller demander de l'ouvrage ailleurs, au péril peut-être de leur âme et de leur honneur.

posa a Sœur Gabrielle et à ses compagnes de faire une longue promenade hors de la ville.

La petite caravane traversa donc d'abord Tripoli. C'était alors la ville turque par excellence, la ville silencieuse, où les Européens étaient rares. C'était aussi la ville pieuse : impossible de ne pas se sentir profondément ému et de ne pas déplorer l'égarement de ces infortunées victimes du Coran, chaque fois qu'au milieu du silence de la nuit, on entendait, du haut des minarets, la voix grave des *mouazzènes* [1] retentir dans les airs pour louer le Très-Haut.

Les Sœurs se trouvèrent bientôt au sud-est de Tripoli, dans la riante et fertile vallée de la Kadicha, arrosée par le fleuve de ce nom, le Nahr Kadicha ou Nahr Abou-Ali, qui prend sa source sur le Liban, près des cèdres, et traverse la ville de Tripoli où il se jette dans la mer. Elles voyaient, à quelque distance de là, au pied d'une chaîne de collines, se détacher dans un nid de verdure, au milieu d'un bosquet d'orangers et de citronniers qui embaumait cette campagne, des constructions massives et d'une forme bizarre. C'était un *tekkeh* de derviches tourneurs ou Maoulaouieh. Pendant la belle saison, ces espèces de moines musulmans exécutent chaque vendredi leurs danses sacrées.

---

(1) Prêtres turcs.

Ils passent pour avoir des communications avec Satan et pour rendre des oracles. Le supérieur est seul obligé au célibat. On reconnaissait des qualités précieuses à celui qui gouvernait alors la communauté. Il s'était toujours montré favorable aux Filles de Saint-Vincent de Paul ; il avait même fait publiquement leur éloge dans la grande mosquée, et les avait proposées pour modèles, à cause de leur dévouement pendant l'épidémie du choléra.

Pendant qu'elles jouissaient du spectacle de cette belle nature, les Sœurs s'entendirent appelées par des cris accompagnés de signes, qui partaient de la dervicherie. De jeunes mahométans, qui se baignaient dans la rivière, leur apprirent qu'on les demandait pour donner leurs soins à un petit moribond. Il fallait traverser le Kadicha, et il n'y avait pas de pont en cet endroit. On leur fit remarquer un grand arbre jeté au travers du courant et joignant une rive à l'autre. Mais comment affronter un exercice de gymnastique si périlleux ? Comment oser s'aventurer à franchir ainsi l'abîme comme sur une corde tendue ? En toute autre circonstance on n'y aurait pas même songé ; mais quand il s'agit de faire le bien, de sauver une âme, les Filles de Vincent de Paul ne savent point calculer avec le danger. La plus brave se hasarde la première sur le tronc d'arbre ; se confiant comme elle en la Providence, ses compagnes la suivent. Dociles à l'invitation qui leur a été faite, les baigneurs demeurent cachés dans l'eau. Comprenant le péril que courent les Sœurs, l'un d'eux vient offrir son épaule pour leur servir de rampe, ce qui leur permet d'atteindre sans accident la rive désirée.

Arrivées près de la dervicherie, les intrépides passagères se voient aussitôt entourées de femmes mahométanes qui parlent toutes ensemble. On les introduit dans une chambre où elles aperçoivent, étendu sur un lit, un gros et gentil petit garçon de cinq à six ans, atteint du croup et se débattant sous les étreintes de ce mal terrible. Beau comme un ange, il semblait attendre le sacrement qui devait lui permettre de déployer ses ailes pour prendre son vol vers le ciel.

A Sœur Gabrielle était échue la douce mission de lui procurer cette grâce. Versant d'une main tremblante l'onde régénératrice sur le front du petit musulman, elle dit d'une voix émue : « Lau-« rent, je te baptise, etc... [1]. » Et pensant à l'ordination de son cousin F. de Bizemont, qui avait lieu le même jour à Poitiers, elle chargeait ce petit ravisseur du paradis de se faire, auprès de

(1) On sait que l'Église célèbre ce jour-là, le 10 août, la fête de l'illustre martyr saint Laurent.

Notre-Seigneur, le protecteur des saints engagements du nouveau prêtre de Jésus-Christ.

C'est ainsi que, dans les missions, le moindre délassement d'une Sœur de la Charité sert très souvent au salut des âmes. Heureuse vie que celle-là ! Pourrait-on jamais avoir pour elle assez d'estime et d'admiration !

Cependant la famille du moribond, persuadée que les Sœurs avaient appliqué à l'enfant un remède merveilleux, ne savait comment leur témoigner sa reconnaissance. Pour les remercier et leur faire honneur, on leur fit visiter les différentes parties du *tekkeh* et particulièrement la grande salle des danses tournantes. On les invita même à rester pour l'exercice du soir. Mais, comme on le pense bien, les bonnes Sœurs n'étaient guère désireuses d'assister à un pareil spectacle ; du reste le devoir les rappelait ailleurs. Elles reprirent le chemin de leur communauté, le cœur content d'avoir arraché une âme au démon.

Environ deux heures plus tard, la cloche les réunissait au pied de l'autel pour l'ouverture de la retraite. Alors, sans doute, plusieurs d'entre elles reportant leur pensée vers les exercices d'un autre genre, qui, à la même heure, avaient lieu à la dervicherie, plaignaient le sort de ces malheureux assis aux ombres de la mort, et rendaient grâces au Seigneur de la part qui leur était faite à elles-mêmes.

Au mois de novembre de la même année 1871, des bruits alarmants sur l'état sanitaire de Beyrouth s'étaient répandus jusqu'en France. Devinant l'inquiétude de sa mère, Sœur Gabrielle s'empressa de la rassurer : « Peut-être entendrez-vous dire que Beyrouth est en quarantaine : que cela ne vous tourmente pas. Nous n'avons point le choléra, mais seulement des petites véroles à soigner, et elles ne sont pas mauvaises. Du reste, quelque fléau qu'il arrive, j'ai un bon préservatif : je n'ai nullement peur, car je me sens disposée à faire le grand voyage, à aller voir le bon Dieu, pour détourner ma vue de tant de misères qui m'impressionnent vivement. »

C'est dans les mêmes dispositions que, quelques années plus tard, le 23 août 1875, la courageuse Fille de Saint-Vincent de Paul, alors de retour en France, écrira à sa mère bien-aimée :

« ... Vous allez vous réjouir de me savoir encore en France, aujourd'hui que le choléra est à Beyrouth. Moi qui avais toujours si ardemment désiré de me trouver au milieu de cette sorte d'épidémie, elle semble me fuir ; quand je suis arrivée à Beyrouth, elle venait d'y passer, et maintenant que j'ai quitté cette ville, elle y arrive !... »

CHAPITRE XIII

La mort d'un fils. — Regrets et consolations.

Il est écrit au Livre des Proverbes que souvent ici-bas *le deuil et l'affliction succèdent aux fêtes et à la joie* [1]. Madame de la Chevallerie devait bientôt, hélas! en faire la triste expérience. Au moment où elle se réjouissait du mariage de son fils cadet, accompli sous les auspices les plus heureux, le ciel, alors si pur, s'assombrit tout à coup. Les blessures de M. Olivier, qu'on avait cru n'offrir aucun danger, prirent un caractère alarmant. L'issue devait être fatale. Peu de temps après, deux femmes vêtues de noir et plongées dans une immense affliction, mêlaient leurs pleurs et leurs prières sur la tombe qui venait de leur ravir, d'une manière prématurée et presque subite, un époux et un fils! Frappées par un coup si terrible, Madame E. de la Chevallerie et sa belle-fille

---

[1] Extrema gaudii luctus occupat (*Prov.* XIV, 13).

eurent besoin de toute l'énergie de leur foi pour s'incliner sans murmure sous la main de Dieu.

De leur côté, M. Arthur et Sœur Gabrielle furent atterés à la nouvelle de cet accident auquel ils étaient loin de s'attendre. Dès que cette dernière put rompre le silence, ce fut pour adresser à sa pauvre mère des paroles de consolation : « Dans cette circonstance si loin de mes prévoyances, lui mandait-elle, j'ai fait pour vous comme pour moi, j'ai déposé nos cœurs auprès de Notre-Seigneur, le priant de les consoler, de les fortifier, et de nous mettre en disposition de faire à l'instant ce qui est le mieux pour le repos de cette âme qui souffre peut-être encore en purgatoire. Pour la mettre au plus tôt à même de jouir du bonheur du ciel, vous savez que nous pouvons offrir non-seulement nos prières et nos aumônes, mais aussi nos travaux et nos souffrances. Faites aussi prier les pauvres gens qui vous entourent, et que l'aumône que vous leur faites soit dans ce but... Ma bonne mère, cet événement a dû vous montrer une fois de plus le néant des choses humaines... Ne vous affligez pas outre mesure des choses fâcheuses que vous ne pouvez changer ; confiez toujours tout à Dieu, remettez tout entre ses mains, priez beaucoup et soyez persuadée que vous aurez tout gagné pour vous et pour les autres, »

Voilà comment, faisant effort sur sa propre douleur, Sœur Gabrielle allégeait la douleur et ranimait le courage de sa mère en élevant ses pensées vers Dieu. En même temps elle recevait elle-même quelques pages bien consolantes de sa cousine L. de Bizemont, retirée, comme on l'a vu plus haut, au fond d'un cloître, où elle mène *une vie cachée en Dieu, avec Jésus-Christ* qu'elle a choisi pour Époux [1]. Détachons quelques lignes de cette lettre, dans laquelle s'épanche une âme toute remplie de la plus tendre charité pour Dieu et pour le prochain :

« Ma bien chère Sœur,

« Paix et amour dans les adorables volontés de Dieu !

« ...Si la sympathie pouvait un peu te consoler, je te dirais que j'ai souffert de la mort de ce pauvre Olivier comme de celle de mon propre frère : ma pauvre nature et mon cœur en ont été brisés ; c'est que je ressentais aussi tout ce que tu aurais à souffrir.

« Je t'en prie, ne te décourage pas, et que Dieu ne permette pas que mes pauvres prières et les légers sacrifices que j'ai offerts pour adoucir ta croix, soient complètement perdus. Crois en l'amour de Jésus pour toi, et aussi à l'amour que tu as pour

---

[1] Voir p. 92 et 93.

Lui, lors même que tu croiras tout perdu. Si triste que soit cet événement, il me semble que tu devrais voir la bonté de Dieu et la récompense de tes œuvres dans la fin si pieuse, si touchante et si édifiante de notre cher frère. Une âme est si précieuse qu'on ne saurait l'acheter trop cher... Je ne saurais te dire toutes les violences que je vais faire à Notre-Seigneur pour toi... Hâtons, en union de prières, la délivrance de ce cher Olivier, surtout par nos sacrifices et le sang de notre cœur ; c'est ce qui touche le plus le cœur de Dieu...

« Trop de consolations peuvent affaiblir l'âme ; encore que la nature redoute la souffrance et faiblisse souvent dans le combat, la grâce désire bien plus, je crois, cette participation à la Passion de notre Sauveur, qui a son point de départ dans l'amour. Crions donc bien fort à l'amour de Dieu de s'emparer de tout notre être, et avec cela nous vivrons... Que Jésus remplisse ton âme, qu'Il lui rende la paix et la confiance dont elle a besoin. »

CHAPITRE XIV

Changement dans les goûts de Madame de la Chevallerie — Elle s'attache à Maugué. — Sa joie en apprenant que sa fille est de retour en France. — Ses lectures.

Il est un âge dans la vie, où l'âme fatiguée du bruit et de l'agitation des grandes villes, a besoin de silence et de solitude. On se sent attiré alors, par je ne sais quel charme secret, vers les lieux où s'est écoulée son enfance ; on aime à se replier sur soi-même pour méditer, dans le calme et le repos, sur l'inconstance des choses d'ici-bas et sur les *années éternelles*. Tels furent les goûts et les inclinations que l'âge et les épreuves apportèrent à notre chère défunte. On la vit s'éprendre d'un ardent amour pour la terre de Maugué, qui pendant longtemps n'avait eu pour elle aucun attrait. Elle s'attacha passionnément à ce vieux manoir d'une architecture austère et sombre, admirablement encadré par un paysage d'un aspect imposant. Au reste, ce séjour convenait merveilleusement au caractère grave de la noble dame. Entre les aspirations de son âme, si bien faite pour s'élever vers le Créateur, et le spectacle de cette nature exceptionnellement belle, n'y avait-il pas des relations et des harmonies profondes ? De là, sans doute, le charme qu'elle goûta, pendant ses dernières années, au sein de cette paisible solitude, dans l'antique demeure de ses pères.

Madame de la Chevallerie avait toujours conservé le pressentiment que sa fille reviendrait un jour en France. Son espoir ne devait pas être déçu. Par une de ces aimables attentions que la Providence se plaît à ménager à ceux qui se confient en elle, Sœur Gabrielle quitta Beyrouth pour retourner à Paris et habiter la communauté de la rue du Bac, justement à une époque où son raprochement était devenu particulièrement utile à sa mère. Celle-ci avait alors beaucoup de préoccupations au sujet de certaines affaires de famille qu'il lui fallait arranger. Ce fut donc pour elle un très grand soulagement de pouvoir entretenir sa fille des pensées qui l'occupaient, et de prendre son avis sur de graves décisions.

Ce fut le 13 mai 1874 que Sœur Gabrielle arriva à Paris. Ecrivant le lendemain à sa mère pour l'informer de son retour, elle disait en terminant sa lettre : « Je n'ai pu fouler cette terre de France sans verser d'abondantes larmes : n'a-t-elle pas dévoré la moitié de ma vie ! Adieu, bonne mère, notre entrevue sera joie et douleur. »

Pendant les quelques années qui s'écoulèrent ensuite jusqu'à sa mort, cette vertueuse mère partageait son temps entre le séjour de Maugué et celui de Paris. Pendant la belle saison elle jouissait de la délicieuse solitude de ses bois ; puis elle venait passer l'hiver à Paris, où l'attirait surtout la présence des deux enfants qui lui restaient.

Doué d'un caractère sérieux, d'une belle intelligence et d'un grand sens pratique, Madame de la Chevallerie aima toujours les livres propres à élever l'âme en ornant l'esprit. Il ne sera pas sans intérêt, ce semble, de reproduire ici, d'après un recueil écrit de sa main, quelques courtes notes extraites de ses lectures.

C'est d'abord la belle maxime de Bacon : « La religion est l'arome qui empêche les sciences de se corrompre. » Plus loin, ces paroles de la Bruyère : « S'il est heureux d'avoir de la naissance, il ne l'est pas moins d'être tel qu'on ne s'informe plus si vous en avez. » Dans le même recueil on lit ce vieux dicton : « Tout ce qui est droit est adroit ; » et cette sentence de J. Cats : « Dieu brise tout ce qui refuse de se courber sous sa main. » Bossuet y figure à côté du cardinal Pie, dont la noble poitevine goûtait infiniment les écrits aussi élevés que solides, aussi opportuns que lumineux. On y rencontre la maxime suivante, tirée de la *Politique sacrée* : « Rois, gouvernez hardiment. Le peuple doit craindre le Prince ; le Prince ne doit craindre que de faire le mal. Si le Prince craint le peuple, tout est perdu. »

Plus loin, se trouve le passage incriminé par les journaux, du discours prononcé par Mgr Pie, le 28 mai 1873, dans la cathédrale de Chartres : « O noble pays de France, ô toi qui t'avançais d'un pas si fier et si résolu à la tête de tous les peuples du monde, si je compare le présent avec le passé, quel état et quel état ! Du jour où tu as mis la main sur l'arche sainte des droits de Dieu, en lui opposant ta déclaration idolâtrique des droits de l'homme, ta propre constitution a été brisée... [1]. »

Ajoutons encore les belles paroles suivantes, empruntées également à l'illustre évêque de Poitiers que l'on a souvent comparé à saint Hilaire : « Or maintenant, voici ce que dit le Seigneur : *S'il est des races qui viennent à se séparer de moi, cette séparation tarira la source de leur noblesse et les refoulera dans la condition vulgaire. Mais je grandirai et je glorifierai quiconque m'aura rendu gloire.* »

---

(1) Mgr Pie, tome VIIe de ses *Œuvres*, p. 542 ; Discours prononcé dans la solennité de clôture du pèlerinage national à Notre-Dame de Chartres, 28 mai 1873.

CHAPITRE XV

Appréciations sur Madame de la Chevallerie. — Ses occupations pendant les derniers mois de sa vie.

On ne s'étonnera pas que la femme qui savait procurer à son intelligence un aliment si bien choisi, ait recherché la conversation de personnes sérieuses, propres à la fixer au milieu des opinions si diverses qu'elle entendait énoncer. Assez sûre d'elle-même sur certains points qu'elle avait pu soutenir, elle disait un jour, avec l'amabilité qui lui était habituelle, en s'adressant à un publiciste catholique qu'elle avait en profonde estime : « Je suis un peu moins sotte depuis que vous avez la bonté de venir causer avec moi. »

Voici en quels termes, dans une bienveillante communication dont nous ne saurions trop le remercier, l'écrivain auquel il vient d'être fait allusion, M. L. Rupert, ancien rédacteur de l'*Univers*, s'exprime au sujet de Madame de la Chevallerie, dont il lui a été donné, pendant vingt-cinq ans au moins, d'apprécier les hautes et rares qualités :

« J'ai connu dans ma vie bien des personnes de toutes conditions, je n'en ai jamais rencontré qui unissent à tant de grâces et d'amabilité, une telle simplicité et une telle modestie. Je n'ai presque rien su par Madame la marquise de la Chevallerie elle-même, de ce qui concernait sa personne, sa fortune, ou sa famille, et le titre de marquise qu'elle avait droit de porter. Sa conversation n'avait rien de trop intime ni de frivole. Je m'étonnais qu'elle ne parlât jamais des grandes épreuves qu'elle avait subies, et je voyais en elle le caractère d'une femme forte... Plusieurs fois j'eus l'occasion d'admirer avec quelle justesse elle appréciait les choses. Son esprit était admirablement ouvert à ce qui est de la religion comme à ce qui est du monde ; mais ce qui brillait en elle, c'était un remarquable ensemble de qualités naturelles. Elle savait s'attacher parfaitement les personnes qui la servaient, et ceux qui ont eu simplement des rapports de société avec elle diront sans doute comme moi, que jamais ils n'ont surpris chez elle la moindre apparence de prétention, d'exigence et de susceptibilité [1]. »

On ne lira pas avec un moindre intérêt le témoi-

---

(1) Lettre de M. Rupert, du 24 février 1881.

gnage suivant, rendu par Madame la marquise de M*** à celle pour qui elle avait été une amie d'enfance, avant de devenir la compagne assidue de ses derniers mois :

« Ennemie des cancans, Madame de la Chevallerie ne pouvait souffrir les personnes toujours prêtes à déchirer les autres; aussi défendait-elle ses amies avec un grand courage. Ayant la riposte vive, elle savait remettre à leur place ceux qui se permettaient de manquer ainsi à la charité. Un jour, en ma présence, elle n'hésita pas à administrer une bonne leçon à un homme qui l'avait bien méritée. Très franche, peut-être même trop. du moins dans certaines circonstances, elle ne pouvait pas comprendre, non-seulement le mensonge, mais même les petits déguisements de la vérité, que l'on se permet si facilement dans le monde. »

Est-il besoin de faire observer que ces qualités ont bien leur mérite, et qu'elles sont loin d'être communes dans notre siècle, où le mensonge et la médisance sont trop souvent regardés comme des jeux d'esprit ou des plaisanteries sans importance?

Parlant ensuite de la dévotion et des autres vertus de son amie, le même témoin continue :
« N'aimant point les dévotions extraordinaires, la sienne était simple, droite et surtout intérieure.

Au dehors elle était la femme du monde, mais on pouvait dire d'elle ce que saint Grégoire de Naziance disait de sa mère : *Elle faisait tellement prospérer ses affaires domestiques qu'on eût dit qu'elle ne s'occupait pas des choses du ciel ; et cependant elle était si pieuse qu'elle paraissait étrangère à toutes les questions du ménage : aucune de ces deux sortes d'occupations ne nuisait à l'autre.* — Telle était Madame de la Chevallerie, s'occupant des affaires de sa maison avec un soin minutieux ; ce qui ne l'empêchait pas, quand elle était occupée de Dieu, de l'être exclusivement. Pour elle, le devoir avant tout, soit dans les grandes, soit dans les petites choses. Elle me disait : *Voyez-vous, lorsque je suis persuadée qu'une chose doit être, je marche en avant sans m'occuper de ce que l'on dira de moi.*

« Naturellement fière et vive, elle savait faire oublier cette fierté par une grande bienveillance, surtout à l'égard de ses inférieurs ; elle tempérait sa vivacité naturelle en réprimant de petits mouvements d'impatience qui parfois lui échappaient malgré ses efforts pour les arrêter. Je lisais dans son âme comme dans la mienne, c'est pourquoi j'ai souvent vu toute la violence qu'elle se faisait dans ses moments de contrariété, pour rester calme.

« Dans les derniers mois surtout, alors que je

suis restée avec elle, elle avait acquis une résignation admirable. *Il faut nous abandonner à la volonté du bon Dieu,* me disait-elle ; *c'est le seul moyen d'être heureux ici-bas.* Elle consultait Dieu en tout. Je me souviens que ne sachant quel parti prendre sur une chose d'intérêt, elle me dit : *Prions pour que Dieu m'éclaire.* »

Les notes si précieuses dues à l'obligeance de Madame la marquise de M***, nous permettent de suivre la vénérable défunte dans la distribution de son temps et le détail de ses occupations, pendant les derniers mois de sa vie.

« Voici maintenant comment s'écoulaient nos journées, car Madame de la Chevallerie avait fait un petit règlement pour l'emploi de notre temps. Vous jugerez par là de la simplicité de sa dévotion, laquelle, je crois, ne laissait pas d'être agréable à Dieu.

« Nous passions la matinée dans nos appartements, occupées, chacune de notre côté, de nos prières et de nos affaires. A dix heures et demie, nous nous réunissions pour faire la lecture de *l'Evangile médité.* Une promenade, un travail manuel, des causeries intimes, et parfois quelques affaires domestiques prenaient le temps qui séparait le déjeuner du dîner. Nous faisions aussi une lecture dans l'après-midi. Celle qui nous plaisait le plus, c'était la *Vie de Madame Barat,* Fondatrice de l'Institut du Sacré-Cœur. Là, nous retrouvions nos anciennes maîtresses. Vous ne sauriez croire combien cette lecture était attachante. La vie de ces femmes si simplement pieuses nous ravissait. Toutes celles dont on nous citait la mort, étaient non-seulement résignées, mais joyeuses. La Sœur qui s'en allait, recevait de ses compagnes des commissions, comme on en donne à une personne qui part pour un voyage. Je me souviens surtout d'une circonstance qui nous avait bien frappées. A la communauté se trouvait une jeune protestante dangereusement malade ; elle n'était nullement disposée à abjurer et à se confesser. Il y avait en même temps, dans la même maison, une religieuse qui n'avait plus que quelques instants à vivre. En l'assistant à ses derniers moments, son confesseur lui dit : Ma Sœur, quand vous serez là-haut, n'oubliez pas de prier pour l'élève protestante. — Non, mon père, répondit-elle, je ne l'oublierai pas. — A peine la religieuse avait-elle rendu le dernier soupir, que la protestante demande à abjurer et à se confesser. Bientôt après, elle expire dans de grands sentiments de foi et de paix, disant que la Sœur qui venait de mourir l'attendait ; et pourtant je crois qu'elle ne la connaissait pas.

« A cette lecture, Madame de la Chevallerie me disait : *Qu'on doit être heureux de mourir ainsi avec tant de calme!* Je suis bien sûre que c'est une grâce qu'elle a demandée et vous savez qu'elle a bien été exaucée.

« Dans nos promenades, elle trouvait souvent le moyen d'élever son âme à Dieu en parlant de ses œuvres, soit d'une fleur, soit d'un fruit, etc. — *Quelle belle chose*, me disait-elle un jour, *que de pouvoir lire dans le beau livre de la nature, surtout lorsque, comme moi, on est seule, et qu'ayant une mauvaise vue, on ne peut pas s'occuper! Mais*, ajoutait-elle, *tout le monde ne peut pas y lire*. En effet, heureux ceux auxquels Dieu fait cette grâce : c'est le moyen de ne jamais être séparé de lui.

« Pour moi, le point dominant chez Madame de la Chevallerie, depuis que je la connaissais, c'était une grande foi. Mais dans les derniers mois que j'ai passés avec elle, cette vertu s'était développée d'une manière particulière, et elle y avait joint une grande résignation et un abandon absolu à la volonté de Dieu. Elle était déjà très souffrante et je voyais sur sa figure pâle et fatiguée, un calme, une résignation qui m'édifiait ; je suis sûre qu'elle perdait peu la présence de Dieu [1]. »

Ces jugements portés sur Madame de la Che-

---

(1) Lettre de Madame la marquise de M***, du 27 février 1881.

vallerie par ceux qui étaient si bien en mesure de la connaître, se trouvent confirmés par le témoignage suivant. Rendu par une personne alliée à la famille de notre chère morte, il offre trop d'intérêt pour être passé sous silence.

« Madame de la Chevallerie m'avait profondément attachée à elle par ses grandes et nobles qualités, bien qu'elle n'eût pas cette tendresse apparente et cette intimité par lesquelles on se fait plus facilement connaître à fond. Il n'était pas dans ses habitudes de s'approcher des pauvres, ni de se livrer à ces œuvres extérieures qui dévoilent au monde la sainteté de la vie. J'ai souvent pensé que ce qu'il y avait de plus beau en elle restait le secret de Dieu, et pouvait échapper à ceux qui l'entouraient aussi bien qu'à la foule. Sa note dominante était, il me semble, une grande force d'âme et une incroyable énergie. D'une délicatesse exquise, elle savait en comprendre toutes les nuances, et sa discrétion sur elle-même comme envers les autres était très grande. Je dois croire que Dieu l'a surtout sanctifiée par un continuel renoncement intérieur dans une vie absolument retirée, qu'elle menait plutôt par devoir que par attrait. D'une nature ardente, elle savait toujours se faire violence pour se taire plutôt que de soutenir la moindre discussion, voulant, avant tout, la paix. Elle était loyale, d'un caractère droit et parfaitement vrai. Ces qualités, si rares de nos jours, semblaient être les pierres fondamentales sur lesquelles la grâce devait achever l'édifice ; car le divin Ouvrier qui les pose ne laisse jamais son œuvre inachevée lorsque l'âme est fidèle, et je crois qu'elle l'était toujours dans l'intention.

« Atteinte depuis longtemps de la terrible maladie qui l'a enlevée, elle le savait et ne le disait pas ; elle a dû cruellement souffrir physiquement et moralement depuis quelques années, dans un complet silence. J'ai su que peu de temps avant sa mort elle avait demandé, avec un étonnant sang-froid, au docteur qui la soignait à Poitiers, de l'avertir quand il serait temps, afin qu'elle pût aller mourir à Paris auprès de sa fille. La grâce seule peut donner une telle force de détachement.

« Madame de la Chevallerie s'était montrée, dans sa vie, attachée à bien des choses de la terre, surtout en ce qui tenait aux souvenirs du passé. On pouvait craindre que sa volonté la portât vers Dieu plus que son cœur ; mais, dans ces dernières années, elles faisait vraiment des efforts pour s'en approcher davantage, toutefois sans en parler beaucoup. Nous sentions ses bons désirs et nous les aurions voulus plus effectifs. J'ai donc éprouvé une douce joie en constatant que ce travail de la grâce, attendu avec confiance, s'opérait en elle. Elle m'écrivait de sa retraite du Poitou, à la fin du dernier mois de septembre : *Ne vous inquiétez pas de ma solitude, elle est grande sans doute, mais, vous le savez, il y a des plaies si vives, si douloureuses, qu'il est plus prudent de n'y pas toucher ; et puis, je dois espérer que Dieu daigne agréer mes sacrifices, car il me fait trouver dans la prière une force que rien ne peut me procurer en dehors de lui.* Plus loin, elle me donnait rendez-vous tous les jours, à trois heures, au pied de la croix, pour prier particulièrement pour les chères âmes qui nous ont quittées, et pour celles qu'il nous reste à aider sur la terre. Ces pensées, exprimées ainsi, étaient nouvelles chez la chère défunte ; elles m'ont fait beaucoup bénir Dieu et prier plus ardemment encore. Je ne pouvais croire alors que si peu de temps après, en nous causant une vraie douleur, ce Dieu se montrerait pourtant si magnifiquement libéral envers cette chère âme, que nous pourrions nous écrier plus que jamais, avec notre incomparable Mère sainte Thérèse : Je chanterai à jamais les miséricordes du Seigneur : *Misericordias Domini in æternum cantabo* ! »

Madame de la Chevallerie paraît avoir eu quelque temps à l'avance le pressentiment de sa mort prochaine. Voici, à ce sujet, un détail que M. Rupert, l'honorable écrivain et publiciste dont le nom figure au commencement de ce chapitre, a bien voulu nous communiquer : « Dans la dernière visite que je lui fis, au mois de janvier 1880, peu de jours avant son départ de Paris, je lui demandai quand et où j'aurais l'avantage de la revoir. Elle me répondit simplement et sans hésiter : *Au ciel* ! ce qui m'attrista et me surprit, d'autant plus qu'elle allait partir en bonne santé et que rien n'indiquait qu'elle fût menacée d'une maladie grave. Quelle raison avait-elle alors de me donner rendez-vous *au ciel* ? Je ne me suis pas permis de le lui demander, et c'est toujours pour moi un mystère. »

CHAPITRE XVI

Maladie de Madame de la Chevallerie. — Elle se rend à Paris. — Les derniers sacrements. — Pieux entretiens de la mère avec sa fille. — Travail de la grâce.

Vers la fin de l'été 1880, Sœur Gabrielle recevait de sa mère une lettre ainsi conçue :

« Poitiers, 12 septembre 1880.

« Je m'en voudrais, ma chère fille, de n'avoir pas répondu plus tôt à ta lettre si bonne, si affectueuse, s'il m'avait été possible de faire autrement. Depuis quelques semaines j'éprouvais des douleurs nerveuses très vives, je me suis donc décidée à venir ici pour prendre des bains et faire quelques remèdes. Je commence à éprouver du soulagement ; aussi je veux, quoique brièvement, te remercier de ta lettre et te dire tout le plaisir qu'elle m'a causé. Ma fête a été bien belle cette année ; vos vœux et vos souhaits me sont arrivés le même jour ; ton précieux bouquet a été mis à part, celui-là ne se flétrira pas.

« J'ai vu Arthur au passage ; il a bien peu de temps, je ne me lasse pas d'admirer son courage. Il a été convenu que je resterai ici jusqu'au 21 ; je le verrai donc au moment de son départ et lui donnerai mes commissions pour toi.

« Hier, apercevant dans la rue trois ou quatre cornettes, j'ai planté là ma bonne cousine de Malartic, pour courir après ces bonnes Sœurs ; elles m'ont dit qu'elles étaient de Nieuil ; elles te connaissent, au moins de nom.

« Arthur m'a donné de bien bonnes nouvelles d'Hubert. Espérons, chère fille, que Dieu exaucera toutes nos prières ; il ne faut pas se lasser de les lui adresser. Adieu, je t'embrasse tendrement. »

C. C.

Peu de temps après la réception de cette lettre, Sœur Gabrielle apprit que la santé de sa mère s'altérait sensiblement. A cette nouvelle, elle fut vivement alarmée. Son cœur souffrait cruellement à la pensée que la chère malade était si loin, seule avec ses domestiques, au fond de sa retraite du Poitou. Elle demandait instamment à Dieu de ramener sa mère à Paris, afin que si cette bonne mère devait lui être ravie, elle eût du moins la consolation de la voir encore, de l'embrasser, de l'assister dans ses derniers moments et de lui fermer les yeux.

Ce vœu, commun à la mère et à la fille, fut exaucé. Madame de la Chevallerie arriva à Paris le 27 novembre. C'était un samedi, et l'on célébrait alors, à la maison-mère des Filles de la Charité de Saint-Vincent de Paul, le cinquantième anniversaire des apparitions de Marie Immaculée à la Sœur Labouré [1]. Cette coïncidence permet de penser que la Sainte Vierge, qu'on avait si ardemment priée, ne fut pas étrangère à ce retour.

Dans la matinée du samedi suivant, 4 décembre, Sœur Gabrielle se sentit fortement pressée d'aller voir sa mère, qui habitait avenue Saint-François-Xavier. Bien qu'il fût à peine jour, elle trouva la malade assise sur son fauteuil et se disposant à faire la sainte communion. Madame de la Cheval-

---

(1) En 1830, au moment où la Révolution renversait le trône et menaçait l'Église de France, la Sainte Vierge apparut plusieurs fois à une humble novice de la communauté de la rue du Bac, Sœur Catherine Labouré, et lui donna la mission de répandre en tous lieux une médaille à son effigie, portant en exergue ces mots : *O Marie conçue sans péché, priez pour nous qui avons recours à vous*, et appelée si justement depuis la *médaille miraculeuse*.

Ce fut le 27 novembre qu'eut lieu la seconde visite, celle dans laquelle Marie présenta dans sa personne, son attitude et tous les accessoires qui l'entouraient le type complet de la médaille miraculeuse.

lerie dit alors à sa fille qu'elle se proposait de demander très prochainement les derniers sacrements ; elle ajouta qu'elle désirait que cette cérémonie fût fixée à une heure où tous ses enfants pourraient être présents, ce à quoi elle tenait beaucoup. M. le curé de Saint-François-Xavier étant arrivé, il déposa la sainte Eucharistie sur le petit autel dressé dans la chambre. S'approchant ensuite de la malade, il l'engagea à accepter sans retard l'extrême-onction. Elle se rendit à cette invitation, offrant intérieurement à Notre-Seigneur le sacrifice, si douloureux pour son cœur, de ne pas avoir autour d'elle, en cette circonstance solennelle, toute sa chère famille, selon le désir qu'elle venait d'exprimer à sa fille.

Madame de la Chevallerie fut donc administrée le 4 décembre, au matin ; et cette touchante cérémonie n'eut pas d'autres témoins que Sœur Gabrielle et la femme de chambre. La Sœur, qu'une inspiration de son bon ange avait amenée à cette heure matinale, eut la consolation de voir sa mère recevoir avec la piété la plus fervente le saint viatique et l'onction des malades, et répondre elle-même d'une voix ferme aux prières de l'Église.

Pourtant, jusqu'au suprême départ il devait s'écouler encore plus de trois semaines. Au bout de quelques jours, Sœur Gabrielle alla de nouveau voir sa mère avec une autre Sœur que Madame de la Chevallerie connaissait et aimait beaucoup. Après la visite, la chère malade retint la compagne de sa fille, au moment où cette compagne venait de l'embrasser pour prendre congé d'elle. Quand celle-ci rejoignit sœur Gabrielle, elle avait les larmes aux yeux : « Ah! s'écria-t-elle, comme c'est bien le cœur d'une mère! Savez-vous les paroles qu'elle m'a adressées? Elle m'a dit : Je vous en prie, aimez ma fille : qu'on ne lui fasse pas de chagrin, qu'on la soigne bien... »

Et ces recommandations au sujet de sa fille, l'excellente mère les renouvelait aux autres Sœurs qui allaient la visiter.

Assurément elle était bien digne de cette maternelle tendresse, celle qui en était ainsi l'objet. L'amour de Sœur Gabrielle envers sa mère avait toujours été très vif, et plus d'une fois il s'était manifesté par les témoignages les plus touchants. Pendant les jours qu'il reste à raconter, cet amour éclata avec une énergie et une ardeur toute nouvelle.

Comment exprimer les soins dévoués et les délicates attentions de sa piété filiale? Dans les moments que l'obéissance lui permettait de passer auprès de la chère malade, elle ne voulait céder à personne la douceur de la soigner. Ou eût dit la pieuse vierge Eustochium au chevet de sa vénérable mère sainte Paule. Elle demeurait là, auprès de celle qu'elle chérissait si tendrement, toujours attentive à lui rendre tous les soins d'une infirmière, désolée quand une autre main que la sienne l'avait servie.

Plus d'une fois elle eut l'occasion de rassurer la conscience de sa mère, dont la délicatesse s'alarmait à la seule pensée de la moindre faute.

Celle-ci soumit un jour à sa fille un cas qui la gênait pour communier. Il s'agissait d'un de ces légers manquements à la charité, sur lesquels les femmes du monde, même les plus pieuses, ne se font ordinairement aucun scrupule. On l'avait entretenue d'une dame dont la vie peu édifiante était connue du public. Madame de la Chevallerie se reprochait vivement d'avoir provoqué cette conversation, bien que cela fût arrivé presque à son insu. Elle demandait donc si ce n'était pas un obstacle pour recevoir son Dieu. Malgré l'extrême légèreté de la faute — en supposant que la faute existât — sa contrition était si vive, qu'on crut devoir l'engager à solliciter une nouvelle absolution quand le prêtre viendrait lui apporter la communion. — « Ce n'est pas que cela soit nécessaire, ajouta la Sœur ; mais c'est une si grande grâce de pouvoir se purifier des moindres taches ! — Oh ! oui, reprit la malade, et vraiment on ne saurait être trop timoré quand il s'agit de la charité : c'est **une vertu si délicate !** »

Avec quelle inexprimable consolation la mère et la fille s'entretenaient ensemble des douceurs et des joies de la céleste patrie ! Selon les belles paroles de saint Augustin, s'élançant par de mutuels transports vers cette vie bienheureuse, elles aspiraient, pour ainsi dire, des lèvres du cœur, aux chastes courants de la fontaine des éternelles délices, où la mère devait bientôt se désaltérer. Mais celle-ci avait appris, dans la lecture des divines Ecritures et des Saints Pères, qu'il est nécessaire d'avoir gémi dans l'exil pour avoir le droit de se réjouir dans la patrie ; qu'il faut *prendre courageusement sa croix, et porter dans sa chair la mortification de Jésus-Christ,* avant d'être introduit dans sa gloire. Elle savait qu'avant d'être associé aux joies du Sauveur, il faut avoir bu au calice de sa Passion.

Aussi, quelle admirable sérénité au milieu de ses souffrances ! Pourtant elles étaient excessives. Le médecin avait déclaré qu'elle endurait ce qu'il y a de plus cruel en fait de maladie, et il s'étonnait de l'énergie de la patiente. Pour elle, quand on l'interrogeait, elle répondait simplement qu'elle ressentait des douleurs très aigües, mais elle ne se montrait nullement empressée à chercher du soulagement.

Encore qu'elle ne prît plus qu'un peu de glace, son intelligence ne s'affaiblissait point. Elle donnait des ordres, elle prenait des dispositions en vue de sa mort, qu'elle voyait très prochaine, avec le même calme que s'il se fût agi d'un voyage. Parvenue à un complet détachement des choses d'ici-bas, elle était uniquement occupée de croître de plus en plus en pureté de conscience, en esprit de foi et de résignation, en délicatesse d'amour envers Notre-Seigneur. Souriant à la pensée du ciel qui allait s'ouvrir, elle disait, avec l'Apôtre : *Il me tarde d'être affranchie des entraves de mon corps pour être avec mon Jésus.*

Son bonheur était de se faire lire les psaumes. Les accents tour à tour si sublimes et si tendres, si majestueux et si doux de ces incomparables cantiques, pénétraient jusqu'au fond de son âme. Les psaumes de la Pénitence faisaient surtout ses délices. « Oh ! comme tu lis bien cela, et que j'aime à t'entendre ! » disait-elle souvent à Sœur Gabrielle, qui se sentait saisie elle-même du vif sentiment de componction débordant du cœur de sa pieuse mère.

Le 14 décembre, un ecclésiastique ami de la famille alla faire une visite à Madame de la Chevallerie. Il la trouva très souffrante, mais aussi très résignée, assise dans son fauteuil, près d'une petite table sur laquelle étaient posés un crucifix et quelques livres de piété. Elle avoua au visiteur que la part si vive qu'elle avait prise aux épreuves de l'Eglise et de la France avait beaucoup contribué à accroître ses douleurs. Répondant à un désir de la vénérable malade, le prêtre lui lut quelques psaumes, entre autres le L^e, *Miserere mei, Deus, secundum ;* le XXVIe, *Dominus illuminatio mea ;* et le XXIIe, *Dominus regit me*, psaume qu'elle affectionnait tout particulièrement [1].

Il serait difficile de donner une idée des sentiments que cette lecture faisait naître dans son cœur. Avec quelle expression sa noble physionomie s'animait à certains passages ! Comme elle goûtait ces cantiques divinement inspirés à David ! Comme elle savourait la manne cachée qu'ils contiennent ! Comme elle entrait bien dans les pensées du Roi-Pénitent ! Que de profondes et admirables réflexions le texte sacré suggérait à cette âme que semblaient illuminer déjà les reflets de l'éternité ! Non, jamais celui qui eut la consolation d'être témoin d'un pareil spectacle, n'avait si bien compris tout ce que nos psaumes renferment de beau, de suave, de consolant et de divin !

Le souvenir des infinies miséricordes du Seigneur, si souvent rappelé dans ces saintes lectures,

---

(1) La prédilection de Madame de la Chevallerie pour ce psaume, d'ailleurs si touchant : *Le Seigneur est mon pasteur*, nous a engagé à en composer une petite paraphrase, que l'on trouvera, en appendice, à la fin de ce volume.

contribua sans doute à procurer à Madame de la Chevallerie le calme inaltérable qu'elle fit paraître pendant ses derniers jours. Sœur Gabrielle lui ayant demandé si elle n'avait jamais un moment de crainte et d'appréhension, sa réponse fut la même que celle de l'illustre Paule dans une circonstance semblable. « Oh ! non, dit-elle, je ne sens aucune peine, mais, au contraire, une paix douce et tranquille. Je ne puis me comprendre ; j'avais une si grande frayeur de la mort, et à présent je n'éprouve aucune appréhension ; j'ai confiance que le Seigneur me réserve un accueil favorable. Il me fait bien expier les fautes de ma vie, mais j'unis mes souffrances aux siennes quand il était sur la croix. Tout ce qui m'occupe, tout ce que je désire, tout ce que je demande, c'est d'être bientôt réunie à mon Dieu. »

Ce que saint Augustin a écrit au sujet de sa mère, s'applique merveilleusement à cette femme si forte, et si confiante dans le Seigneur : « Tous ceux qui l'ont vue pendant sa maladie louaient Dieu, l'honoraient et l'aimaient en elle, parce que sa présence dans le cœur de la malade était rendue sensible par les fruits d'une vertu si héroïque et d'une si parfaite résignation [1]. »

Il est écrit au Livre des Proverbes que le *sentier*

---

(1) *Confess. de saint Augustin*, liv. IX, ch. IX, n° 22.

du juste ressemble à une lumière brillante qui s'avance et qui croît jusqu'au jour parfait. C'est ainsi que la vertu de Madame de la Chevallerie alla grandissant, surtout dans ses dernières années. Les cruelles souffrances qu'elle endura pendant sa maladie lui donnèrent toute sa perfection. A l'exemple d'une grande Sainte, elle acceptait avec bonheur les croix, voyant en elles « les mets les plus délicats de la table de Dieu [1]. » Victorieuse des assauts de la nature, du monde et du démon, *elle avait gardé la foi* ; l'heure de la récompense allait sonner. Aux épreuves qui avaient souvent attristé sa vie, devait bientôt succéder une joie sans mélange et sans fin. Encore quelques jours, et son âme affamée *de la justice, allait être rassasiée et goûter combien le Seigneur est doux.* Aussi elle répétait, avec le Psalmiste : *Je me réjouis à la pensée que j'irai dans la maison du Seigneur. Les merveilles que j'ai entendu raconter de la cité de Dieu, bientôt il me sera donné de les contempler.*

Madame de la Chevallerie ne s'alita que quatre ou cinq jours avant sa mort, alors que déjà elle ne pouvait presque plus parler. Durant sa maladie, elle ne parut occupée que des autres, s'appliquant à les consoler. Elle ne pouvait se faire à l'idée

---

[1] Sainte Angèle de Foligno.

d'être soignée par des personnes étrangères, même par des religieuses. Préférant s'imposer un douloureux martyre plutôt que de fatiguer ses domestiques, elle les obligeait, quand la nuit arrivait, d'aller se coucher, sous prétexte qu'elle-même dormirait mieux, ce qu'elle ne faisait jamais. Avec quelle bonté elle témoignait aux personnes qui l'entouraient sa reconnaissance pour les services qu'elle en recevait ! Sa principale appréhension était de leur être longtemps à charge si sa maladie se prolongeait. Il y eut parfois d'admirables scènes de délicatesse, tant de la part de la courageuse malade que du côté de sa femmme de chambre. Celle-ci prétendait un jour qu'elle aurait dû se faire Sœur de Charité, tant, disait-elle, elle avait de goût à soigner les malades.

CHAPITRE XVII

Une heureuse visite.

Madame de la Chevallerie éprouvait un vif désir de voir son beau-frère, M. le comte E. de Bizemont. Cependant telle était sa délicatesse qu'elle ne voulait pas qu'on lui écrivît. Elle savait tout ce que le séjour à Paris, dans un hôtel, avait d'incommode pour son beau-frère ; elle songeait aussi à tant de bonnes œuvres dont il était l'âme à Poitiers, et qui souffriraient de son absence.

Toutefois M. E. de Bizemont ne tarda pas à être informé de l'état de la malade. Il vint aussitôt de Poitiers, afin de passer auprès d'elle les fêtes de Noël. Cette visite causa un plaisir extrême à Madame de la Chevallerie, et elle se montra plus expansive que jamais. Elle fit comprendre qu'il ne lui manquait plus rien, tous ses vœux étant comblés par la présence de son beau-frère, dont elle appréciait l'éminente vertu. Tout ce qui se passa dans cette dernière entrevue: les paroles, les recommandations, les vœux, les prières qu'échangèrent entre elles ces deux âmes d'élite, tout cela est resté le secret de Dieu et des anges. On sait seulement que le beau-frère et la belle-sœur se donnèrent alors la bénédiction suprême. La chère mourante ne manqua pas de recommander à celui qui possédait toute sa confiance, sa fille si tendrement aimée. Lorsque, sur le point de quitter Paris, M. le comte de Bizemont alla faire ses adieux à la bonne Sœur Gabrielle : « Sais-tu, lui dit-il, que ta mère m'a fait un legs ? Devine lequel ?... Elle m'a légué sa fille, afin que je l'aime et que je l'aide de toute mes forces. »

Dans une lettre qu'il nous fit l'honneur de nous écrire peu de temps après cette visite, M. de Bizemont s'exprimait en ces termes sur les dispositions qu'il avait remarquées dans sa belle-sœur : «... Le travail de la grâce était en elle manifeste ; elle avait opéré une transformation merveilleuse dans cette âme devenue étrangère aux choses d'ici-bas et ne s'occupant plus que de la céleste patrie. »

M. le comte de Bizemont avait dit à sa belle-sœur qu'il la suivrait bientôt, et vers la fin du mois de février 1881, il fit part à sa fille carmélite du pressentiment qu'il avait de sa mort prochaine. Ce pressentiment devait bientôt se réaliser. Le 25 mars suivant, la ville de Poitiers apprit avec une profonde émotion de douleur que le vénérable comte venait de succomber, la nuit précédente, à la suite d'une courte maladie. « En lui, comme l'écrivait l'*Univers*, analysant un article nécrologique du *Courrier de la Vienne*, les catholiques poitevins perdaient un guide prudent et sûr en même temps qu'un modèle de toutes les vertus[1]. »

« Son infatigable charité, dit M. l'abbé Drochon, trouvait le moyen de suffire à toutes les œuvres de bienfaisance[2]. »

Voici, du reste, un témoignage du plus grand prix, rendu à sa mémoire par Mgr Gay, le pieux et docte évêque d'Anthédon, dont les admirables ouvrages de spiritualité sont partout connus et justement regardés comme des chefs-d'œuvre :

« La vie du comte de Bizemont fut celle d'un chrétien exemplaire. Ancien officier de cavalerie, il était, à Poitiers, président des conférences de Saint-Vincent de Paul, et, on peut bien le dire, l'âme de toutes les bonnes œuvres dont cette ville est si riche ; homme droit, ferme, vaillant, simple dans sa foi comme un enfant, dévoué à toutes les bonnes causes, et d'une charité proverbiale, un vrai juste enfin, et dont la mémoire reste vénérée et bénie[3]. »

---

(1) L'*Univers*, n° du 27 mars 1881.
(2) *Château-Larcher et ses seigneurs*, p. 491.
(3) *Vie de la R. Mère Thérèse de Jésus*, p. 439.

Guide des catholiques poitevins, M. de Bizemont était aussi l'un des hommes dont le parti royaliste s'honorait le plus dans le département de la Vienne. Voilà pourquoi, partageant le deuil causé par sa mort, M. le comte de Chambord, dont le noble cœur était si accessible à la compassion, fit parvenir à la famille du défunt la touchante expression de ses condoléances. On trouvera, à la fin de cette notice, la lettre royale, faisant suite au récit des obsèques de M. le comte de Bizemont, et de son éloge funèbre prononcé par M. de Malval, conseiller à la cour [1].

(1) On doit publier prochainement une notice sur M. le comte de Bizemont.

CHAPITRE XVIII

Les fêtes de Noël. — Le petit Jésus. — Le portrait d'un fils.
Adeste, fideles — Une scène touchante.

Avant de quitter ce monde, Madame de la Chevallerie devait jouir encore d'une faveur inespérée. Pendant la nuit de Noël elle s'était fait lire la messe de minuit. Dans l'après-midi, Sœur Gabrielle lui fit une visite et lui parla du consolant mystère de la naissance du divin Enfant. La malade l'interrompit tout à coup, et, montrant le pied de son lit : *Il est là*, dit-elle à sa fille, *oh! qu'il est beau!* Et, à ces mots, son visage reflétait quelque chose de divin, pendant que son regard ravi, captivé par une beauté supérieure à toutes celles d'ici-bas, se fixait comme sur une apparition céleste.

Il y a tout lieu de croire que c'en était une en effet, et que le doux Jésus de la crèche se manifesta réellement à cette âme ainsi purifiée par la souffrance, unie à Dieu par la résignation et dilatée par l'amour. Sans doute il venait l'assister pour la lutte suprême, la prémunir contre les terreurs de la mort et la consoler par les suavités de sa présence. Aussi la malade, éprise des charmes des parvis célestes, soupirait, de même que le cerf altéré, vers les éternelles délices, dont elle ressentait comme un avant-goût dans cette douce contemplation.

Elle espérait mourir le jour de la fête de saint Jean, l'apôtre au cœur si pur et si aimant, pour lequel elle avait une particulière dévotion. Mais telle n'était pas la volonté de Dieu, qui voulait accroître encore le trésor de ses mérites et édifier sa famille par le spectacle de ses vertus. Le lendemain de Noël, le médecin fit entendre à la vertueuse dame qu'il lui restait assez de force pour vivre encore quelques jours ; il voulut même lui donner espoir de guérison. Ce langage inspira un sentiment d'impatience et de tristesse à celle qui, croyant toucher au terme de l'exil et à l'issue du combat, voyait déjà les portes de la patrie entr'ouvertes devant elle et la couronne suspendue sur sa tête. L'ardent désir qu'elle avait du ciel avait produit ce premier mouvement. Madame de la Chevallerie ne laissa pas d'en concevoir, aussitôt après, un vif repentir : *Quel malheur*, dit-elle, *je me suis impatientée, je viens de perdre mon petit Jésus*! Le P. Forbes, son directeur, arriva très à propos pour remettre dans la paix cette âme délicate. Après le départ du religieux, elle dit à la personne qui la soignait : *Je l'ai retrouvé, mon petit Jésus ; oh ! quel bonheur !*

Avant de tomber malade, elle avait prié une de ses parentes de reproduire en grand une photographie de son fils cadet, M. Olivier, mort officier au 1er chasseurs d'Afrique, le 1er mars 1873, des suites d'une blessure reçue à Sedan, le 1er septembre 1870, comme il a été dit dans les chapitres qui précèdent.

En voyant les progrès du mal, la personne chargée de ce soin avait eu la délicate attention de hâter son travail. Le lendemain de Noël, qui était un dimanche, elle apporta le portrait demandé. A peine eut-on placé sous ses yeux les traits de son fils bien-aimé, que l'heureuse mère, surmontant sa faiblesse, pourtant extrême, se leva sur son séant comme par magie et s'écria avec un visage radieux : « Oh ! qu'il est beau ! c'est bien lui ! » Et aussitôt elle ajouta d'un air transporté de joie : « Je vais le voir bien plus beau encore ! »

Certes, elle avait bien sujet d'être fière d'un tel fils, que ses vertus aimables, la douceur de son caractère, la bonté de son cœur, la distinction, la grâce et la délicatesse de ses manières rapprochaient beaucoup de la nature de sa mère, en même temps qu'elles lui conciliaient l'estime et les sympathies universelles. Plus d'une fois, on l'a vu dans ce récit, à l'occasion de ce fils, un glaive de douleur avait transpercé le cœur de celle qui goûtait maintenant tant de joie à contempler son image. Aux inquiétudes que M. Olivier avait un moment inspirées pendant sa jeunesse, surtout à cause de sa santé délicate, étaient venus s'ajouter son départ pour la guerre de 1870 et les blessures dont les suites, en apparence légères, devaient être si funestes. En pénétrant jusqu'au fond dans l'âme de celle qui sentait si vivement, tous ces tourments avaient excité davantage encore les ardeurs de son amour maternel.

Dès le soir du 26 décembre, les forces de Madame de la Chevallerie ayant beaucoup diminué, il ne lui fut plus possible de s'exprimer aussi dintinctement. Sœur Cabrielle étant allée la voir, l'entendit murmurer quelques mots et parler de bergers. Devinant que sa mère désirait entendre l'*Adeste, fideles*, elle proposa de lui lire cette belle hymne de Noël. « C'est cela, » répondit la pieuse mère, heureuse d'avoir été comprise. Ce fut avec les sentiments de la foi la plus vive qu'elle écouta toutes les paroles de cette prière liturgique, si douce à l'oreille, plus douce encore à l'âme chrétienne. Elle parut goûter tout particulièrement les dernières strophes, qui respirent la charité la plus attendrissante : *Le Dieu enfant qui pour nous s'est fait pauvre et a reposé sur la paille d'une crèche, couvrons-le de nos baisers, et rendons amour*

pour amour à ce Jésus qui nous a tant aimés !
Ce que son cœur ressentait à ces accents, ce que sa bouche ne pouvait exprimer, sa physionomie et ses gestes le témoignaient éloquemment.

Parfois Sœur Gabrielle, s'approchant du lit de la patiente, penchait la tête sur le visage de sa mère si aimée. Celle-ci l'éloignant un peu, la regardait avec une tendresse indicible en lui faisant des signes de croix sur le front ; puis, de sa main amaigrie et débile elle lui envoyait un baiser.

La noble malade portait sur sa poitrine une croix de chapelet de communauté, que sa fille lui avait donnée et que M. le comte de Bizemont, dans un voyage à Rome, avait fait bénir et indulgencier par le Pape Pie IX. Il était convenu qu'après la mort de Madame de la Chevallerie, Sœur Gabrielle reprendrait pour elle cette croix, la remplacerait par celle du chapelet avec lequel elle avait fait les campagnes d'Égypte et de Syrie, et qu'elle laisserait suspendue au cou de sa mère, jusque dans son cercueil, cette croix, qui pourtant lui rappelait de si précieux souvenirs. C'était, en effet, celle qu'avaient baisée, sur la terre étrangère, en Afrique et en Asie, tant de pauvres, tant de petites orphelines, tant d'affligés et de malheureux, auxquels la digne Fille de Saint-Vincent de Paul avait appris à connaître, à aimer et à bénir le bon Dieu, la religion catholique, l'Église et la France ! Voilà pourquoi, en baisant son crucifix, la pieuse mère disait à sa fille, à qui il devait bientôt retourner : « J'y passe toute mon âme. »

Dans ces derniers entretiens, Sœur Gabrielle ne put s'empêcher de parler des difficultés qui devraient résulter pour elle du rôle que sa mère lui assignait dans la famille ; une fois même il lui fut impossible de retenir ses larmes en pensant aux croix que l'avenir semblait lui réserver. Dévoilant alors toute l'énergie et toute la tendresse que recèle cet abîme qui s'appelle le cœur d'une mère, la vénérable malade prit dans ses mains les mains de sa fille, et, après l'avoir suppliée de ne pas se faire de peine, elle ajouta : « Je veux que tu me le promettes. » Ce fut un dialogue des plus émouvants. — « Alors, dit la Sœur, qui hésitait à donner sa parole, promettez-moi de m'obtenir de Dieu, quand vous serez auprès de lui, les lumières, la force, le courage, tous les secours et toutes les grâces dont j'aurai besoin » — « Je te le promets, répondit sa mère, tu peux y compter. »

CHAPITRE XIX

Les adieux d'une mère. — Les prières des agonisants. — Une mort digne d'envie.

Le 27 décembre 1880, Madame de la Chevallerie voulut faire ses adieux à ses enfants. Ayant pris entre ses bras la tête de son fils, M. Arthur, elle la serra longtemps. Après ces touchantes étreintes, gages à la fois doux et cruels de l'amour d'une mère mourante, sa voix chérie put encore se faire entendre. Avec des accents qui ne s'oublient pas, elle adressa à son fils, en lui passant un anneau au doigt, quelques recommandations qui pénétrèrent jusqu'aux plus intimes profondeurs de son âme. Elle donna ensuite son alliance à sa fille, en disant : « Ceci est sacré. »

Elle faisait souvent des signes de croix sur le front de Sœur Gabrielle et l'embrassait avec une religieuse affection. Plus d'une fois celle-ci se vit obligée de s'échapper un instant, pour dissimuler à sa mère les larmes dont la douleur emplissait ses yeux. Elle n'y put réussir toujours. Afin de ne pas accroître l'émotion qu'elle avait remarquée en ses enfants, la chère malade se montra dans la suite plus réservée dans ces affectueux témoignages d'une tendresse toute maternelle.

Toujours calme et résignée, elle modérait les transports de ceux qui l'entouraient, témoignant doucement que la vue de leurs larmes était pour elle une douleur plus amère que la mort même. Ainsi avait fait autrefois l'admirable frère de saint Ambroise, dont l'illustre archevêque de Milan nous a retracé les derniers moments en des termes si émus.

Le médecin ayant calmé les souffrances au moyen de piqûres de morphine, Madame de la Chevallerie sommeillait souvent. Pendant toute la journée du mardi 28, elle sembla dormir, mais c'était bien l'agonie, agonie douce et paisible, de temps en temps interrompue par des gémissements.

A trois heures, le P. Forbes étant venu la voir, elle le reconnut encore parfaitement; mais, ne pouvant plus articuler une parole, elle exprima par signes la satisfaction que cette visite lui procurait. Elle prenait dans ses mains son crucifix et ses scapulaires, comme pour dire : « Ma pensée, mon cœur, tout est là. » Elle fit à son confesseur de touchants adieux et lui témoigna sa reconnaissance. Comme elle avait manifesté le désir d'avoir une neuvaine de messes aussitôt après sa mort, sa fille profita, pour la demander, de la visite du R. Père. Déjà on célébrait, à son intention, la sainte messe à l'autel privilégié, dans la chapelle de la maison-mère des Filles de la Charité. L'auguste sacrifice fut donc offert pour cette chère âme quelques heures même avant son départ de ce monde.

Ce fut alors qu'on lui récita les prières des agonisants. On devinera facilement avec quelle piété la mourante s'associa à ces supplications, touchantes entre toutes, qu'on faisait monter en sa faveur vers le Ciel : « O Dieu plein de clémence, remettez les péchés de votre servante qui implore votre pardon... Partez de ce monde, âme chrétienne, au nom du Père qui vous a créée, au nom du Fils qui a souffert pour vous. Que le miséricordieux Jésus, se montrant à vous plein de douceur, confonde et dissipe vos ennemis ; qu'il vous fasse ignorer l'horreur des ténèbres et les tourments des flammes éternelles ; que ce tendre Pasteur, vous reconnaissant pour l'une de ses brebis, vous fasse régner à sa droite avec les élus. Que les anges viennent à votre rencontre ; que Marie, la Reine des Saints, que vos saintes patronnes, que saint Jean, l'apôtre bien-aimé, que les saints Innocents, les prémices des martyrs, intercèdent pour vous. Qu'il vous soit donné de contempler à jamais le Dieu de toute vérité, et de partager éternellement avec les bienheureux, les joies ineffables de cette divine contemplation !... »

Vers quatre heures, Sœur Gabrielle entendit sa mère pousser quelques gémissements. Elle s'approcha d'elle pour lui demander si elle souffrait ; de la tête, celle-ci fit signe que non. Dominant alors son émotion, la Sœur dit à celle que la mort allait lui ravir : « Courage, mère ! Encore quelques instants et les souffrances auront cessé ; ce sera le ciel. Toujours le bonheur, toujours la paix et la joie ! Vous allez jouir de la présence de Notre-Seigneur. » Les regards de la pieuse mère semblaient répondre à sa fille : « Oh ! oui, quel bonheur ! » Et la Sœur, dont la grâce affermissait le courage en cette heure douloureuse, ajouta : « Vous direz de ma part à ce bon Sauveur combien je l'aime, vous lui baiserez pour moi ses pieds divins. » — « Ah ! tu peux en être sûre » murmura la mourante, en faisant un nouveau signe de la tête. Ses yeux, qui étaient bien vitreux, avaient repris, pendant ce colloque, une vive et amoureuse expression ; mais bientôt après elle retomba dans son assoupissement. Sa fille la laissa dans cet état jusqu'au moment où il fallut lui dire l'adieu suprême.

Souvent penchée sur la tête de celle qui allait la quitter bientôt, Sœur Gabrielle semblait vouloir aspirer le dernier souffle de sa mère, comme pour recueillir son âme ou lui donner la sienne. Elle voyait que la malade pouvait encore vivre jusqu'à minuit, et, comme on le pense bien, elle eût désiré être présente jusqu'à la fin, pour recevoir le dernier soupir de cette mère tant aimée. Mais, en cela encore, Celui qui éprouve ceux qu'il aime, voulait demander à sa servante un sacrifice d'autant plus méritoire qu'il était pénible pour son cœur. A sept heures du soir, une compagne de Sœur Gabrielle vint la chercher pour retourner à la communauté. La règle était là, ne lui permettant pas de rester plus longtemps. Elle obéit, et offrit généreusement au Ciel une privation si sensible à son amour filial.

Ce fut sous le coup d'une émotion facile à comprendre mais difficile à exprimer, qu'elle s'approcha pour embrasser une dernière fois celle qu'elle ne devait plus revoir que dans l'éternité. A ces mots : « Adieu, mère ! » la pauvre mourante sort de la léthargie où elle était plongée : ouvrant ses yeux qui reprennent encore vie, elle jette sur sa fille un dernier regard, elle lui fait un signe d'adieu, elle verse une grosse larme, et, de sa main défaillante, elle essaie de lui envoyer un dernier baiser...

Sous l'impression d'une douleur que Dieu seul pouvait adoucir, Sœur Gabrielle venait de partir avec sa compagne quand M. Arthur de la Chevallerie, qui avait été obligé de s'absenter pendant quelque temps, revint à son tour auprès de la malade. Consterné, brisé de douleur, il passa tout le reste de la soirée au chevet de sa mère. Elle était retombée dans son assoupissement et ne donnait plus aucun signe de connaissance. Cependant, un peu avant onze heures, la femme de chambre sentit encore de sa part une faible pression de main.

Le moment du départ était arrivé. Bientôt l'ange de la mort vint murmurer à l'oreille de la pauvre malade ce doux appel : « Venez, âme fidèle dans l'épreuve, venez recevoir la couronne, et jouir pour toujours du bonheur que vous ont mérité vos souffrances. »

Madame de la Chevallerie avait été, selon le mot de Bossuet, « douce envers la mort ; » la mort, de son côté, fut douce envers elle. Le mardi 28 décembre 1880, vers onze heures du soir, elle exhala son dernier souffle si paisiblement que, malgré toute l'attention avec laquelle elles l'observaient, les personnes présentes s'aperçurent à peine du moment précis où elle expira.

C'était le jour de la fête des saints Innocents, *les premières et tendres fleurs du martyre*. Cette gracieuse phalange de petits enfants immolés pour le Christ, et que la liturgie sacrée nous montre se jouant avec leurs palmes et leurs couronnes, nos lecteurs aimeront, comme nous, se la représenter souriant à notre regrettée défunte dès son entrée dans l'éternité, et l'invitant à chanter avec elle, devant le trône de Dieu, le doux cantique du triomphe. Par une coïncidence qu'il n'est pas moins consolant de noter, l'Église mettait ce jour-là sur les lèvres de ses ministres les paroles suivantes, qui trouvaient dans le départ de cette grande chrétienne leur application la plus saisissante : *Son âme a été arrachée des dangers du monde comme le passereau des filets de l'oiseleur... Le Seigneur a brisé ses liens... il a comblé le vœu de son cœur et exaucé la demande de ses lèvres.*

Madame de la Chevallerie demeura quarante-huit heures exposée sur son lit de mort, environnée de flambeaux et couverte de fleurs. On déposa à sa ceinture, sous son regard éteint, un magnifique bouquet de violettes qu'avait envoyé une parente chère à la défunte. Ces fleurs, derniers gages d'une tendre affection, étaient d'humbles mais éloquents symboles de sa vie cachée, de ses souffrances résignées, de sa vertu modeste, de toutes ses qualités exquises, que les parents et les amis rappelaient à l'envi autour de sa dépouille mortelle.

Chose digne de remarque, la mort, en la touchant, ne l'avait pas défigurée. Nulle trace de douleur n'altérait la pureté de ses traits. Sa physionomie respirait une dignité calme et auguste, une joie toute céleste, qui semblait indiquer que la chère défunte possédait déjà l'objet de ses désirs. Jusque dans la mort, elle paraissait sourire à son Jésus, et son âme, en s'envolant, avait laissé sur son visage comme un reflet de la suprême beauté. Quelle était douce à contempler ! Les témoins ravis ne pouvaient se lasser de l'admirer et de dire : « Oh ! comme elle est belle ! »

Aussi, le surlendemain 30 décembre, Madame Arthur de la Chevallerie, écrivait-elle à son fils Hubert, qui était alors à Tilloloy (Somme) : « Ta pauvre grand'mère est retournée avec le bon Dieu, mardi dernier, à onze heures du soir... Prie bien pour elle ; c'est tout ce que nous pouvons faire maintenant. J'aurais voulu que tu la visses hier : comme elle était belle de cette beauté de ceux qui sont avec le bon Dieu !... On se serait cru auprès du corps d'une sainte. Si elle n'est pas au ciel, il y a tout lieu d'espérer qu'elle y sera bientôt, car son sacrifice était fait, et depuis longtemps elle mourait un peu tous les jours... »

CHAPITRE XX

Les derniers devoirs.

Pendant les deux jours que Madame de la Chevallerie demeura exposée sur son lit, il n'y eut dans la chambre aucune odeur de cadavre. Sœur Gabrielle ne voulut pas céder à d'autres la consolation de rendre un dernier devoir à celle dont la mort lui causait une douleur si poignante. Aidée d'une de ses compagnes, elle déposa dans le cercueil ce qui lui restait en ce monde de sa pauvre mère. Les parents assistaient en versant des pleurs à cette scène si émouvante. Lorsqu'il s'agit de souder le cercueil, qui était en plomb, la Sœur, voyant que le corps de sa mère était resté si souple et son visage si beau, se sentit frappée d'une pensée soudaine et ne put retenir ce cri : « Si elle n'était pas morte! » Le silence seul répondit à cette illusion momentanée de sa piété filiale. En un clin d'œil la bière fut scellée. C'était le soir du 30 décembre. Sœur Gabrielle descendit avec sa compagne derrière le cercueil, que l'on glissa dans la voiture disposée pour le recevoir. Elle monta, avec la religieuse qui l'accompagnait, dans une autre voiture qui devait les conduire à la communauté de la rue du Bac. Pendant quelque temps, elle put suivre du regard le funèbre carosse qui emmenait à la gare d'Orléans ce qu'elle avait de plus cher. Bientôt tout disparut, et la Sœur rentra, le cœur brisé d'émotions, à la maison-mère, où elle était placée à cette époque.

Monsieur de la Chevallerie, ayant avec lui un domestique de la défunte, accompagna les restes de sa mère dans ce funèbre voyage jusqu'à Château-Larcher. C'est là que les obsèques furent célébrées au milieu d'un concours nombreux d'assistants. La tristesse se peignait sur tous les fronts, et toutes les bouches redisaient les mérites de la noble dame. Elle fut inhumée dans le petit cimetière de Château-Larcher, auprès de son mari. C'est là qu'elle repose, dans le même caveau, attendant avec lui, à l'ombre de la croix, le jour de la glorieuse résurrection.

CHAPITRE XXI

Quelques fleurs sur une tombe.

A genoux sur cette tombe que l'espérance illumine de ses doux rayons, et mêlant nos prières à nos larmes, respirons le parfum qui s'exhale, comme d'un bouquet de fleurs, du faisceau d'éloges qu'y a déposé une sincère affection. Ces hommages rendus à la mémoire de notre chère et vénérée défunte, ne pourront qu'édifier sa famille et ses amis. Ils les inviteront à bénir le Seigneur et à célébrer sa miséricorde. Rarement, en effet, on a vu se manifester d'une manière plus sensible cette divine miséricorde, que l'Écriture nous montre *plus profonde que les abîmes et plus élevée que les montagnes.*

Nous l'avons dit déjà, remarquable par l'élévation de son intelligence et de ses sentiments, aussi bien que par la gravité de son caractère, Madame de la Chevallerie avait longtemps été, avant tout, la femme du grand monde; la femme pieuse n'avait paru en elle que vers la fin de sa vie. Pourquoi craindre de l'avouer? celle que nous venons de voir mourir d'une mort si édifiante, s'était autrefois laissée enivrer par les parfums du monde et s'était livrée avec ardeur à ses plaisirs. Si Dieu n'avait pas été abandonné totalement, trop longtemps il n'avait eu dans ses affections qu'une place beaucoup trop restreinte. Mais ce Dieu, *qui aime tant les âmes* et qui a tant à cœur le salut de ses créatures, pouvait-il résister à tant de prières ? pouvait-il laisser stériles tant de bonnes œuvres et d'immolations chaque jour renouvelées, et offertes, au pied de l'autel et au fond du cloître, en faveur d'une âme si chère?

Encore sous l'impression d'une grâce si puissante, dont elle avait pu constater elle-même les effets merveilleux, Sœur Gabrielle écrivait, peu de jours après la mort de sa mère : « J'ai besoin de me renfermer dans le silence et le recueillement pour trouver Dieu, et en lui tout ce que j'ai perdu. Alors j'éclate en sentiments de gratitude pour tout ce que le Seigneur a fait pour ma mère... Oui, le bon Dieu a bien exaucé mes vœux à son sujet. Non-seulement il a élevé ses pensées jusqu'à lui, ce qui n'était pas difficile, mais il l'a purifiée par la souffrance et lui a donné, en peu de temps, une grande intelligence de ses secrets divins, faisant ainsi éclater en elle son immense miséricorde. »

Pendant que Sœur Gabrielle, rompant un instant le recueillement de son deuil, laissait ainsi éclater quelques-uns des sentiments qui remplissaient son âme, sa cousine de Bizemont lui adressait, du Carmel de Poitiers, la lettre suivante :

« Carmel de l'Incarnation, 30 décembre.

« Jésus soit notre force !
« Ma bien-aimée sœur,

« J'aurais voulu t'envoyer, dès hier, un mot d'affection et de consolation : Jésus ne l'a pas permis, et je pense que, malgré tout, ma lettre t'arrivera juste à temps pour te faire sentir mon cœur bien uni au tien sur la croix, dans la cruelle et douloureuse séparation qui nous est demandée. Oui, durant ces jours derniers, chère sœur, je t'assure que j'ai vécu bien avec toi. J'ai partagé bien sensiblement tes douleurs et tes joies, et je me demande aujourd'hui ce qui nous fait le plus pleurer, ou de la souffrance que nous éprouvons de nous séparer de celle que nous aimions, ou de la consolation que nous ressentons en songeant aux miséricordes, à l'amour infini de Jésus pour cette âme qui nous est si chère, et qui vient de paraître devant Dieu.

« En lisant l'histoire des derniers jours de ta chère mère, il me semble que la reconnaissance doit remplir ton âme. Sa mort a été celle d'une prédestinée, et je ne doute pas que, par ses cruelles souffrances, Jésus ne lui ait fait faire ici-bas son purgatoire. Bientôt elle sera récompensée, et tu auras une puissante protectrice de plus au ciel. Chère sœur, nous continuerons de prier pour elle ; ce matin ma communion a été à son intention, sans oublier de demander à Jésus de remplir le vide immense que cette perte fait dans ton pauvre cœur.

« Mon père est revenu bien consolé de son voyage de Paris. Il avait si grand peur d'arriver trop tard, que ce séjour près de ma pauvre tante, loin de le fatiguer, l'a rendu heureux, et a un peu adouci la douleur que son cœur si bon éprouvait à la pensée de cette séparation.

« Que nos cœurs soient de plus en plus intimement unis pour aimer Jésus, le glorifier et nous dévouer à son service. C'est dans son cœur que nous nous retrouverons sans cesse, que nous nous aimerons et que nous nous aiderons à nous faire vraiment saintes. C'est la seule chose nécessaire ; on le sent plus vivement en voyant le terme où tous nous devons aboutir. La vie n'est qu'un passage, les sacrifices doivent nous détacher de tout, et nous faire tendre à Dieu pour lequel nous sommes faits... C'est l'heure de dire : *Sursum corda*, et nos cœurs seront consolés en voyant le bonheur de ceux qui nous ont devancées dans la gloire. Je comprends, chère sœur, ton besoin de silence : quand le cœur souffre, la prière seule peut calmer ses angoisses ; il a besoin de prier et de se taire ; cependant ne soit pas trop muette avec nous... Que Jésus soit ta force, ton soutien, qu'il te remplisse de son amour, et soit de plus en plus vivant et régnant dans ta chère âme ; je prie pour toi de tout mon cœur.

« Adieu, ma chère et bien-aimée sœur, je t'embrasse bien fort sur la croix de Jésus, que je porte avec toi, en t'assurant de ma double affection de petite sœur qui t'aime de tout son cœur, et qui t'est toute dévouée en Jésus. »

« Sœur Marie-Emmanuel, r. c. i. »

La même cousine écrivait peu de temps après :

« ... Ce qui m'a été doux à l'âme, c'est d'avoir appris que ta chère mère avait été en quelque sorte vraiment martyre, puisque les épreuves de l'Église et de la France ont augmenté ses douleurs et avancé sa fin. C'est donc pour nous une raison de plus d'espérer et de l'invoquer avec une plus grande confiance. Au reste, je vois que ta pauvre mère a laissé dans ce pauvre monde et parmi ses connaissances, un bon souvenir de vertus et de mérites. L'autre jour Madame de R*** me parlait d'elle d'une manière qui m'a bien touchée, et qui t'aurait vivement émue et rendue fière si tu avais entendu ses paroles. Crois-moi, les âmes de sa trempe, de son énergie, de sa foi, sont bien rares...

« ... Eh bien ! chère sœur, pendant ce carême offrons à Jésus beaucoup de sacrifices ; plus nous nous séparerons de tout, plus Jésus nous remplira. Fuyons avec lui dans le désert, pour y prier, aimer et souffrir... Je demande à sainte Thérèse de te donner beaucoup de son pur et vaillant amour ; car à qui aime tout est facile, et il n'y a pas de véritable sainteté sans amour... Je te quitte pour rentrer dans ma solitude ; j'emporte avec moi ton âme et toutes tes intentions. »

Un témoignage non moins précieux était rendu, dans le même temps, à la vertu de Madame de la Chevallerie par une autre religieuse carmélite. Cette dernière avait été d'autant plus en mesure de connaître et d'apprécier la noble défunte, qu'avant de renoncer au monde pour s'enfermer dans le cloître et s'attacher irrévocablement à Jésus, le divin Époux, elle avait été unie par les liens du mariage à M. Olivier de la Chevallerie, dont on a vu plus haut la mort prématurée. Dès qu'elle apprit la fin édifiante de sa belle-mère, elle s'empressa de consoler Sœur Gabrielle, dont elle partageait la légitime affliction :

« 1ᵉʳ janvier 1881.

« Chère Gabrielle,

« C'est dans un moment comme celui où nous sommes que l'on sent cruellement la distance, et l'impossibilité de voler auprès de ceux que l'on aime et qui souffrent. Je ne vous ai pas quittée pendant ces jours de douloureuse agonie, et maintenant que le sacrifice est accompli, je compatis à tout et partage tout. C'est hier seulement que j'ai eu la certitude que notre pauvre mère est entrée dans son éternité ; et si mes larmes ont coulé avec les vôtres en lisant les touchants détails de sa belle et courageuse mort, pourtant mon âme est inondée d'une paix et d'une confiance qui adoucissent les regrets. Sans doute il y a quelque chose de bien cruel dans la séparation, et le mystère de la mort a quelque chose qui brise le cœur et dont l'amertume ne se peut définir ; mais pour des âmes *données* comme les nôtres, la joie doit dominer tout autre sentiment, en face des assurances dont nous comble la bonté de Dieu. Ah ! Gabrielle, nous ne pouvons pas désirer autre chose pour nous-mêmes, qui sommes *religieuses*, que cet héroïsme dans la souffrance, qu'a montré notre chère mère pendant ces dernières semaines. Croyez fermement que par ce sacrifice si complet, si généreux, si au-dessus de toutes nos espérances, elle a acquis des trésors de mérites qui auront rendu le regard de Dieu doux et clément pour elle.

« Oui, cet espoir doit faire notre joie, et l'action de grâces doit jaillir de nos cœurs ! Je désire ardemment que mon tendre adieu soit arrivé à notre pauvre mère pendant qu'elle pouvait encore entendre et comprendre. Je n'oublierai jamais l'affection et la confiance qu'elle me témoignait, et c'est de toute mon âme que j'appelle la miséricorde de Dieu, pour qu'il lui donne promptement l'éternel bonheur.

« Ici, ma douleur a été partagée par nos Mères et nos Sœurs, qui prient aussi beaucoup et sont puissantes, par leur amour, sur le cœur de l'Époux. Courage et confiance, chère et bien-aimée sœur ! Dieu a béni vos sacrifices, il a comblé vos désirs pour celle qui a été si longtemps pour vous un objet de tendre sollicitude ; il continuera, n'en doutez pas, de vous soutenir, de vous guider et de vous bénir... »

Quelques semaines plus tard, arrivait à la même adresse une nouvelle lettre portant la même signature :

« Votre mère avait une belle âme, elle savait apprécier et aimer le beau et le bien ; aussi du jour où la divine beauté eut touché son cœur, elle ne pouvait que le livrer à Dieu avec un héroïsme que n'ont pas toujours les âmes qui se sont données à lui plus promptement. Je pense comme vous, ma chère Gabrielle. En voyant les grâces exceptionnelles dont elle a été comblée, et qui ont dépassé tout ce que nous aurions osé attendre ; en constatant une fois de plus combien notre Jésus aime les âmes, et parce qu'il les aime, comment il les poursuit, les éprouve, les attend et les purifie, bien au-dessus de tout ce que peuvent comprendre nos pauvres vues humaines, il ne nous reste plus qu'à adorer et à fondre de gratitude !... Sans doute il y a des larmes, la séparation les fait couler, ce sont là les grandes douleurs de la terre ; mais un regard vers le ciel suffit pour y mêler d'ineffables consolations... Il m'est doux de penser que notre chère morte a déjà reçu la récompense de son courage, de ses peines, de son dévouement, et qu'elle jouit d'un bonheur dont aucune joie de la terre ne peut donner la plus faible idée ! »

Ces pages étant destinées à la famille et aux amis de la vénérée défunte, on ne s'étonnera pas qu'on y ait joint encore, pour l'édification des lecteurs, le passage suivant de la même lettre. On y sent vibrer l'âme de sainte Thérèse, parlant, en quelque sorte, pour l'une de ses filles : « ... Nous devons et voulons souffrir, et voilà pourquoi, malgré ce désir toujours plus ardent d'aller nous unir à l'unique Bien-Aimé, et de le contempler dans sa gloire, nous devons toujours le bénir s'il prend avant nous tous ceux qui nous sont chers, et nous laisse longtemps encore travailler, souffrir et aimer sur cette pauvre terre, où il lui faut tant de cœurs d'Epouses pour le dédommager des ignominies du monde ! Mais ceux que nous aimons, *il nous les faut tous, tous au ciel ;* et pour cela, beaucoup travailler et prier, avec cette confiance que nous donne ce que nous venons de voir, et l'assurance que l'amour de Dieu pour nos chères âmes dépasse encore le nôtre. »

Pour compléter ce consolant témoignage, voici un autre document émanant de la même source, et que nous ne pouvons nous résigner à passer sous silence. C'est une lettre inspirée par une affection que la vie du cloître avait rendue encore plus profonde, plus tendre et plus sainte. Datée du 29 décembre, cette lettre croisa la missive qui portait à la pieuse Carmélite la triste nouvelle :

« † Carmel du Dorat, 29 décembre 1880.

J. M. J. T.

Jésus !

Chère Gabrielle,

« Depuis que j'ai reçu votre lettre, je suis dans une attente bien douloureuse, et ne quitte pas notre pauvre mère d'esprit et de cœur. Chaque instant me semble être celui où cette âme, pour laquelle nous avons tant demandé, paraît peut-être devant son Dieu ; et je ne cesse de prier pour que le juge soit un tendre père... Votre mère a toujours été pour moi d'une bonté dont le souvenir me restera cher, et augmente en ce moment mon chagrin de ne plus la revoir en ce monde. Et pourtant, Gabrielle, quelles actions de grâces ne devons-nous pas rendre à Dieu pour l'amour immense qu'il témoigne à cette âme? Ne le voyons-nous pas encore, cet amour adorable, jusque dans la maladie cruelle qui fait d'elle une martyre et accroît ses mérites jusqu'au dernier soupir? Ce que vous me dites de son courage dans ses souffrances, qui, je le sais, sont au nombre des plus cruelles que l'on puisse ressentir, m'a fait tomber à genoux pour répandre ma gratitude dans le cœur de mon Jésus !

« Que désirons-nous pour ceux que nous aimons, si ce n'est l'assurance de ce bonheur, qui sera d'autant plus complet, d'autant plus glorieux qu'ils auront plus et mieux souffert ? Remercions donc le Seigneur, chère sœur, au milieu des déchirements de la séparation, sachant nous oublier nous-mêmes, ou plutôt offrant avec joie les épines qui peuvent être encore notre partage sur la terre...

« La dernière lettre reçue de votre pauvre mère m'avait comblée de joie : l'œuvre divine se faisait visiblement en elle, et je crois avec bonheur que pendant ces longs mois de solitude, de prière, de réflexion et aussi de souffrances, sa chère âme était doucement préparée au moment suprême, qui peut-être est arrivé déjà. Je souffre de ne rien savoir et je vous supplie de me donner des nouvelles. Si elle vit encore, si elle peut vous entendre et vous comprendre, prononcez encore mon nom à son oreille mourante; qu'elle sache que sa fille, éloignée en apparence, est bien près d'elle par le cœur et ne la quitte pas dans le cœur de Jésus. Les prières de mon Carmel lui sont acquises... Avec vous je souffre, je prie, j'espère et bénis Dieu.

« Adieu, chère sœur,

« Votre toute dévouée,
« Sœur Marie de l'Incarnation. »

Pendant que ces touchants messages, sortis du fond du cloître, venaient alléger la douleur de Sœur Gabrielle, d'autres lettres de condoléance parvenaient à la famille, rendant à la vertu de la défunte des hommages non moins explicites. « Courage et confiance ! écrivait en cette circonstance douloureuse, une personne qui avait connu particulièrement Madame de la Chevallerie pendant les dernières années de sa vie, et qui avait été témoin de sa résignation au milieu de ses cruelles souffrances ; courage et confiance dans le Dieu de toute consolation, qui compatit à ceux qui pleurent et adoucit leurs plaintes. La vertu de votre digne mère n'a fait que grandir dans l'épreuve ; son âme est sortie du creuset de la souffrance, purifiée comme l'or dans la fournaise. Si la mission de la douleur ici-bas est de nous enfanter aux joies de l'avenir, pourrions-nous douter de l'efficacité de cette sublime mission, quand la douleur est acceptée, quand elle est supportée d'une manière si généreuse et si chrétienne qu'elle l'a été par celle que vous pleurez ?

« N'avez-vous pas sujet de dire avec saint Augustin : « Les lamentations servent d'ordinaire à « déplorer les morts malheureuses, ou celles que « l'on regarde comme un complet anéantissement ; « mais la mort de ma mère n'est ni malheureuse, « ni sans espoir ; nous en avons la certitude fondée

« sur les vertus qu'elle a fait paraître, surtout dans
« ses derniers moments. » — Les paroles suivantes, que Bossuet a prononcées au sujet d'une princesse illustre, à qui conviennent-elles mieux qu'à notre chère morte : *Ses douleurs l'ont rendue savante dans la science de l'Évangile, et en unissant la religion à ses épreuves, elle a bien connu la vertu de la croix. Elle nous a montré comment par la croix on se fortifie, on expie ses péchés, on épure son entendement, on transporte ses désirs de la terre au ciel, on perd le goût des choses du monde, on déplore ses fautes avec cette singulière consolation qu'on les répare quand on les pleure.*

« Attachée à la croix avec J.-C., Madame de la Chevallerie ne vivait plus que pour lui ; aussi la mort lui a paru une délivrance. Munie de cette foi confiante qui bannit la crainte, elle savait que redouter la mort est le propre de celui qui ne veut point aller à Dieu. Elle voyait en elle le terme de ses maux, la possession de son bien-aimé Sauveur, un repos tranquille, une douce paix, un affranchissement, un passage à une vie meilleure, un bonheur sans fin et sans mélange. Elle soupirait après le ciel comme le navigateur soupire après le port, comme l'exilé après la patrie!

« Dieu a exaucé ses vœux. Il nous l'avait donnée, il l'a rappelée à lui ; que la volonté de Dieu soit faite ! N'est-ce pas son droit de reprendre ce qui est à lui, et n'est-il pas juste que toutes les créatures sorties de ses mains retournent vers lui pour lui rendre la louange souveraine ?

« Loin de nous désoler de la mort d'une personne si éminente en mérite, rendons grâces au Ciel de l'avoir possédée. Que dis-je ? rendons-lui grâces de la posséder encore, puisque, suivant les belles paroles de saint Jérôme, dans son magnifique éloge funèbre de sainte Paule, tout est vivant en Dieu, et tout ce qui retourne dans son sein doit être mis au rang des choses qui demeurent. »

CHAPITRE XXII

Le baume de l'espérance chrétienne. — Épilogue.

Puissent les appréciations élogieuses et les considérations surnaturelles qu'on vient de lire, calmer, comme un baume salutaire, la douleur causée par la mort de celle qui en est l'objet.

O vous que cette mort a rendus orphelins, laissez-moi vous dire, en empruntant quelques pensées à saint Ambroise : Courage et confiance ! Dieu n'a brisé cette vive attache qui vous retenait sur la terre, que pour la renouer ailleurs et pour toujours. C'est ainsi qu'il rappelle sans cesse nos pensées vers ces régions invisibles que nous oublierions trop facilement s'il y résidait seul. En retirant à lui, dans son sein paternel, tout ce que nous aimions, il force notre regard à se tourner vers ce lieu des immuables affections; car *où est notre trésor, là est aussi notre cœur*. Votre mère bien-aimée n'est donc pas perdue pour vous, elle n'a fait que vous devancer. Vous n'êtes pas entièrement privés de la douceur de son commerce, il n'y a que le lieu de changé. Parvenue au terme de la vraie patrie, elle vous en ouvrira les portes. Désormais vous n'êtes plus étrangers à ce beau ciel qui déjà possède une partie de vous-mêmes. Qu'ils pleurent sans fin ceux qui n'ont point l'espérance d'une autre vie ; mais quand la mort est si sainte, elle porte en elle-même de quoi nous consoler et nous guérir de ses coups.

Déjà, tout nous en donne la confiance, déjà votre mère jouit de la palme et de la couronne, elle dont la vie fut une continuelle immolation et un douloureux martyre. Il n'y a pas, en effet, que l'effusion du sang versé pour la foi, qui fasse le martyre : une vie écoulée dans la patience au sein de cruelles épreuves, voilà aussi, nous enseigne un saint docteur, un véritable martyre ; et si le premier a sa couronne de roses, le second a sa couronne de violettes. Quel puissant motif d'immortelle espérance !

Quant à vous qui recueillez maintenant dans l'allégresse ce qu'ici-bas vous avez semé dans les larmes, soutenez de vos prières celui qui vous consacre ce modeste travail. Une vénération profonde pour votre chère mémoire, le désir de consoler et d'édifier, en publiant les miséricordes du Seigneur à votre égard, les âmes que votre mort a plongées dans le deuil, voilà le double sentiment qui l'a inspiré.

Ces pages destinées à vous faire revivre dans la mémoire de vos parents et de vos amis, il les dépose respectueusement, comme une couronne, sur votre tombe bénie. Pour cette couronne, vos mérites et vos vertus offraient une ample et riche matière, et des fleurons de grand prix ; pourquoi les mains qui l'ont tressée n'étaient-elles pas plus habiles? Si humble qu'il soit, vous ne dédaignerez pas le gage d'un religieux attachement dont la mort n'a pu briser les liens.

Sur l'autel s'immole chaque jour le Dieu de clémence et de miséricorde, Celui qui a été suspendu à une croix pour être le remède à nos blessures et pour effacer l'arrêt de notre condamnation. Vous le saviez, et voilà pourquoi, sur le point de quitter ce monde, vous avez si instamment supplié celui qui trace ces lignes, de se souvenir à l'auguste sacrifice, de vous, de tous les chers vôtres, et particulièrement de votre cher petit-fils Hubert, son élève, qui sera à jamais pour lui un enfant bienaimé en Notre-Seigneur, et auquel il se fait un bonheur de dédier cet opuscule, comme un témoignage de son affectueux dévouement, et une vivante et perpétuelle exhortation à la vertu.

Vous avez recueilli sa promesse ; Dieu lui est témoin qu'il ne l'a point oubliée : elle est pour lui sacrée à l'égal d'un serment. Tant qu'il lui sera donné de monter à l'autel, il n'aura garde d'être infidèle à la recommandation suprême de votre piété.

Daignez, en retour, intercéder pour lui auprès de Celui dont vous partagez la gloire. Intercédez pour tous ceux qui vous étaient unis en ce monde par les liens de la famille ou de l'affection. Est-il besoin de vous recommander le cher enfant qui faisait, pendant votre vie, l'objet de votre plus tendre sollicitude? Pourriez-vous jamais l'oublier? Du sein de votre bonheur, souvenez-vous de ceux que vous avez laissés au milieu des difficultés et des épreuves de cette pauvre vie. Préparez-nous la place où nous chanterons avec vous l'hymne de l'éternelle louange; attendez-nous auprès de vous, aidez-nous à monter!

APPENDICE

APPENDICE

I

APERÇU GÉNÉALOGIQUE

SUR LA FAMILLE

HUNAULT DE LA CHEVALLERIE

En parlant de l'ancienneté et de l'éclat de cette maison, l'historien La Faille dit que plusieurs titres lui ont montré qu'elle paraît issue de Hunault ou Hunold, duc d'Aquitaine, ruiné par Charlemagne [1].

Quoiqu'il en soit de cette illustre origine mentionnée par le grave historien, la famille Hunaud ou Hunault de la Chevallerie est très certainement une branche de l'antique maison des Hunault de Lanta d'Aquitaine, anciens seigneurs de Lanta, qui traitèrent, en 1247. avec Raimond, comte de Toulouse, au sujet de la terre de Lanta, l'une des baronnies des États de cette province [2].

(1) La Faille, *Traité de la Noblesse des Capitouls.*
(2) *Nobiliaire universel*, etc., publié sous la direction de L. de Magny, directeur des Archives de la Noblesse de

De l'Anjou, province où nous la trouvons dès le commencement du XIV⁰ siècle, cette famille a passé en Poitou. Elle a été maintenue dans sa noblesse d'ancienne extraction par jugement de M. Voysin de la Noiraye, commissaire départi pour la recherche de la noblesse aux provinces de Touraine, d'Anjou et du Maine, en date du 23 mai 1667; et, un siècle plus tard, le 8 août 1777, un de ses membres a fait, devant d'Hozier de Sérigny, ses preuves de noblesse pour être admis aux écoles royales militaires.

Ses alliances directes ont été prises dans les maisons les plus distinguées dans la noblesse de sa province. Citons seulement : les Binard, Bault de Beaumont, du Bois de la Ferronnière, Chevreuil d'Andanne, Meusnier de Fonteny, Poisson de

France, etc., généalogie des *Hunault de la Chevallerie*, barons de Lanta, etc., en Languedoc; seigneurs de la Fresnaye, de la Thibaudière, de la Chevallerie, etc., en Anjou, Maine et Bretagne. — Armes : *de gueules, à quatre fasces d'argent*; aliàs : *d'argent, à quatre fasces de gueules.* — Dans l'*Armorial des maires de la ville d'Angers*, publié en 1843, par A. Lambron de Lignim, on lit, à la page 22, que noble homme Magdelon Hunault portait : *d'argent, à quatre burelles de gueules.* — Couronne : de marquis. — Supports : deux lévriers. — Devise: *Les Hunault, les Lévis et les Rigault ont chassé les Visigoths.*

Pour composer cet aperçu généalogique, nous avons fait de nombreux emprunts à la savante publication de M. L. de Magny. Nous avons mis aussi à contribution les titres et papiers de famille, qui nous ont été communiqués avec la plus gracieuse obligeance.

Gastines, Thomas de Jonchères, Ligier de Puyraveau, de Jousselin, de Tudert, du Moustier, de Terrasson, de Blom.

Avant d'être patronymique, Hunault ou Hunaud (en latin *Hunaldus*) fut un prénom.

On connaît le fameux dicton :

> *Les Hunaults*, les Lévis, les Rigauds,
>   Ont chassé les Visigots;
> Les Lévis, les Rigauds, les Voisins,
>   Ont chassé les Sarrasins.

Le nom de Hunault, comme nom patronymique, est connu par chartes, en Languedoc, depuis le milieu du XIe siècle. Vers l'an 1060, Guillaume Hunault (*Villelmus Unaldus*), fit don à l'abbaye du Mas-Garnier, au diocèse de Toulouse, de certains domaines pour l'agrandissement de ce monastère [1].

Guillaume Hunault de Lanta (*Guillelmus Unaldi de Lanta*) garantit une charte de Guillaume, comte de Poitiers et de Toulouse, en faveur de l'abbaye de Lezat, au mois d'août de l'an 1115 [2].

En 1202, Raimond, Geraud et Guillaume Hunault furent arbitres du différend survenu entre les comtes de Toulouse et de Foix, touchant le château de Saverdun.

---

(1) *Gallia Christiana*, t. XIII, p. 114.
(2) Dom Vaissette, *Histoire du Languedoc*, t. II, p. 394.

Un siècle plus tard (1304) Raymond Hunault, chevalier, de la sénéchaussée de Toulouse, est convoqué pour la guerre de Flandres ; il doit conduire vingt-cinq hommes d'armes et cent sergents.

Guillaume Hunault de Lanta était abbé de Lezat en 1313. Il fut ensuite évêque de Tarbes, d'où il fut transféré à l'évêché d'Agde, en 1337 [1].

Cette antique maison a donné non-seulement des évêques à l'Église, mais encore des magistrats très distingués, des officiers de marque par leurs services, plusieurs chevaliers de Saint-Louis, un gouverneur au Havre et un autre à la Martinique, des maires à la ville d'Angers, et enfin des médecins très remarquables, entre autres un docteur régent de l'Université d'Angers, médecin ordinaire du roi. Elle a porté les armes pour son pays et fourni son contingent dans les différentes guerres.

La famille Hunault se divisait en deux branches. A la branche aînée, que l'on croit aujourd'hui éteinte, appartenait Messire François Hunault de Lanta, chevalier, baron de Lanta, seigneur de Saint-Christan, qui épousa Gabrielle de Montfort. De cette union, naquirent Pierre Hunault, baron de Lanta, chevalier, qui était pre-

---

(1) Dom Vaissette, tome V, p. 276.

mier capitoul de Toulouse en 1562, et Aimée Hunault de Lanta. Celle-ci se maria en 1547 avec Armand de Salignac, seigneur de la Mothe-Fénelon. Elle fut mère de quinze enfants, entre autres Louis de Salignac, évêque de Sarlat en 1578, sur la démission de François de Salignac, son oncle, et qui eut pour successeur sur ce siége, son neveu Louis de Salignac, en 1602 [1].

La branche cadette de cette famille est celle des *Hunault de la Chevallerie*. Sa filiation est établie sur titres originaux à partir de Damien Hunaud, qui épousa, vers 1440, Françoise Binard.

Noble homme Magdelon Hunault, écuyer, seigneur de la Fresnaye, de la Thibaudière, de Marsillé, fut élu maire de la ville d'Angers en 1592 [2].

---

(1) Lainé, *Archiv. de la Noblesse*, art. de Salignac, p. 29.— On sait que cette même famille de Salignac de la Mothe a produit Fénelon, l'illustre archevêque de Cambrai (1651-1715).

(2) Sur un titre conservé dans les papiers de famille, on lit :

« Extraict des Registres du Greffe de la ville et mairie d'Angers, du premier may mil cinq cent quatre-vingt douze :

« En l'assemblée tenue en l'hostel et maison commune de la ville et mairie d'Angers, à la matinée, pour procéder à l'élection et nomination d'un maire et capitaine général de ladicte ville, au lieu et place de M. H. Jacques Ménard, sieur du Breuil, et y procédant, a esté nommé et élu en ladicte charge de maire et capitaine général de ladicte ville *noble homme Magdelon Hunault, sieur de la Thibaudière*, l'un des eschevins conseillers perpétuels, et capitaine de l'une

Pierre Hunault, fils de noble Claude Hunault et de Anne Billard, embrassa la médecine, qu'il exerça avec honneur à Angers, à la fin du XVII° siècle et au commencement du XVIII. Dans l'acte d'enregistrement de ses armoiries qu'il fit à l'Armorial officiel, il est qualifié de médecin ordinaire de Sa Majesté le Roi. Sa biographie se trouve dans Moréri. Il a laissé, sur la médecine, plusieurs ouvrages estimés.

Son petit-fils, François Hunault, devint membre de l'Académie Royale des Sciences, et succéda, en 1730, à du Verney, dans la chaire de professeur d'anatomie au Jardin des Plantes. Il fit des voyages en Allemagne, en Hollande, et en Angleterre où il obtint le titre de membre de la Société Royale. Il publia des travaux remarquables sur l'ostéologie. Aussi modeste qu'instruit, dit Michaud, aussi sensible qu'éclairé et désintéressé, il envoyait secrètement à sa famille le fruit de ses économies.

Ce savant distingué étant mort en 1742 sans laisser de postérité, la généalogie se continue par un premier rameau, qui a pour auteur Germain Hunault de la Thibaudière, chevalier, sei-

---

des compagnies de la Trinité de ladicte ville, lequel sieur Hunault a presté le serment en ladicte charge de maire. »

(Voir Robert, *Recueil des privilèges de la ville et mairie d'Angers*, p. 1220).

gneur de la Chevallerie. Celui-ci se maria à demoiselle Marguerite du Bois, de la Ferronnière ; le contrat de mariage est daté du 18 janvier 1661.

L'un de ses descendants fut René-Gérard, qui naquit à Angers, le 18 février 1754, de messire Germain Hunault, écuyer, seigneur de la Chevallerie, et de dame Marie-Anne Guillemot de Kergoüet, son épouse. Baptisé le jour même de sa naissance, en l'église Saint-Maurice d'Angers, René-Gérard (ou, suivant l'acte de baptême, *Gérald*) eut pour parrain, par procuration, son oncle René Hunault de la Chevallerie, officier au régiment Dauphin-Dragon, chevalier de l'Ordre royal et militaire de Saint-Louis ; et pour marraine demoiselle Géralde Guillemot du Kergoüet, sa tante.

René-Gérard n'avait que 18 ans, lorsqu'en 1772 il fut promu au grade de sous-lieutenant dans le régiment de Royal-Infanterie, compagnie de Crespy. Le 20 janvier 1776, il épousa Marie-Geneviève-Jeanne Jouhault des Touches, fille de feu Jouhault des Touches et de Jeanne-Françoise Ligier de Puyraveau. De ce mariage naquirent un fils et une fille, Charles-Jean et Marie-Louise.

Les noms que nous venons de citer rappellent d'honorables souvenirs de famille qui réclament ici leur place.

Lorsque la Révolution française eut commencé son œuvre de bouleversement et de destruction, René-Gérard de la Chevallerie estima, comme la plupart des gentilshommes, que l'honneur et la fidélité au roi lui faisaient un devoir de prendre parti dans les rangs de l'émigration. Il quitta donc la France, en 1791, avec son fils Charles-Jean, alors âgé de quatorze ans. Incorporés tous les deux, le 2 décembre de cette même année, dans la compagnie d'officiers du régiment de Brie-Infanterie, ils servirent en qualité de volontaires dans l'armée des princes de la famille royale, les comtes de Provence et d'Artois, qui régnèrent plus tard sous les noms de Louis XVIII et de Charles X.

Lors du soulèvement de la Vendée, ils rentrèrent dans leur pays avec l'agrément des princes, et ils continuèrent de porter les armes pour Dieu et pour le roi.

René de la Chevallerie fut nommé lieutenant-colonel d'infanterie, avec le commandement d'un bataillon de la quatrième légion, le 7 novembre 1799, par le comte de Châtillon, général en chef de la division Catholique et Royale du Bas-Anjou et Haute-Bretagne. Le 28 décembre de la même année, il reçut de Son Altesse Royale Monsieur, lieutenant-général du royaume, le titre de chevalier de Saint-Louis. On aimera, ce nous semble, trouver ici la teneur du brevet de cet Ordre, qui lui fut délivré par le roi, le 2 octobre 1816 :

LETTRES

de

CHEVALIER DE L'ORDRE MILITAIRE DE SAINT-LOUIS

en faveur de

M. HUNAULT DE LA CHEVALLERIE

ANCIEN OFFICIER

« Louis, par la grâce de Dieu, Roi de France et de Navarre, Chef souverain, Grand-Maître et Fondateur de l'Ordre militaire de Saint-Louis, à tous ceux qui ces présentes Lettres verront, Salut.

« Étant bien aise de donner au *S. René-Gérard Hunault de la Chevallerie*, ancien officier, des marques de distinction, en considération des services qu'il nous a rendus, nous avons cru que nous ne le pouvions faire d'une manière qui lui soit plus honorable qu'en l'admettant au nombre des Chevaliers de l'Ordre militaire de Saint-Louis, institué par l'édit du mois d'avril 1693, étant bien informé des services ci-dessus, et qu'il professe la Religion catholique apostolique et romaine.

« A ces causes, nous avons fait, constitué, ordonné et établi, faisons, constituons, ordonnons et établissons, par ces présentes signées de notre main, *le S. Hunault de la Chevallerie* Chevalier dudit Ordre de Saint-Louis, pour par lui jouir dudit titre de Chevalier, aux honneurs et prérogatives qui y sont attachés, avec faculté de tenir rang parmi les autres Chevaliers dudit Ordre, et de porter sur l'estomac une Croix d'or émaillée, suspendue à un petit ruban couleur de feu, et sur laquelle il y aura l'image de Saint-Louis, à condition d'observer les Statuts dudit Ordre, sans y contrevenir directement ni indirectement, et de se rendre à notre Cour, toutes et quantes fois nous le lui ordonnerons pour notre service, et pour le bien et utilité dudit Ordre. *Si donnons en Mandement* à tous Grand'Croix, Commandeurs et Chevaliers dudit Ordre militaire de Saint-Louis de faire reconnaître le *S. Hunault de la Chevallerie* Chevalier dudit Ordre, de tous ceux et ainsi qu'il appartiendra, après toutefois qu'il aura prêté le serment requis et accoutumé. En témoin de quoi, nous avons signé de notre main ces présentes, que nous avons fait contre-signer par notre Ministre Secrétaire d'État ayant le Département de la guerre.

« Donné à Paris, le vingtième jour de novembre, l'an de grâce mil huit cent-seize. »

Signé : Louis.

Sceau du ministère
    de la guerre.

« Par le Roi, Chef souverain, Grand-Maître et Fondateur de l'Ordre militaire de Saint-Louis :

Contre-signé : Le M[al] D. de Feltre.

« Vu au Sceau
« Le chancelier de France,

Signé : Dambray [1].

Celui qui était l'objet de cette distinction n'était pas moins recommandable par ses vertus privées que par sa bravoure militaire. Madame Ulic de la Chevallerie se rappelait avoir entendu M. de l'Étoile faire, chez le cardinal Pie, le plus bel éloge de la bonté et des autres excellentes qualités de René-Gérard.

---

(1) Cette mention se trouve à la marge, au-dessous des armes de France qui figurent en tête du parchemin, auquel est appendu un sceau de cire rouge, portant les mêmes armes.

Quant à son fils Charles-Jean Hunault de la Chevallerie, entré dans le régiment d'Autichamp, la 1ᵉʳ juillet 1794, il passa le 1ᵉʳ mai 1795, en qualité de sous-lieutenant, dans le cadre des officiers commandés par M. le comte d'Allonville, et il fut un des cent officiers qui passèrent en Bretagne, avec l'agrément des princes, le 4 juin de cette même année.

Après avoir fait les campagnes de 1797 et 1798, il fut nommé, en 1799, aide de camp du général comte de Grignon, sous les ordres duquel il combattit jusqu'au 4 février 1800, époque de la cessation des hostilités. Plus tard, nous le verrons reprendre du service dans l'armée régulière et couronner dignement une carrière déjà pleine de gloire.

Pendant que René et Charles de la Chevallerie, le père et le fils, luttaient vaillamment pour la cause de la royauté et de la religion, la mère et la fille, violemment arrachées de leur demeure, étaient traînées de prison en prison. Mais les épreuves ne firent que grandir leur courage. Ayant réussi à s'échapper de leur cachot alors que la Vendée angevine était toute dévastée par le fer et par la flamme, elles se retirèrent à Tours et y vécurent pendant quelque temps du travail de leurs mains. Dans cette ville, Madame de la Chevallerie vit s'unir à elle, par les liens les plus étroits d'une religieuse sympathie, la femme Boutelier, de Cholet, simple marchande de mouchoirs, dont le mari était aussi enrôlé dans la guerre sainte, où il trouva la mort. Dans la suite, quand la tourmente fut apaisée et que les désastres de la guerre commencèrent à se réparer, Madame de la Chevallerie retourna en Anjou et recueillit les épaves de ses biens. La femme que le malheur avait si fortement attachée à sa personne et que le sort des combats avait rendue veuve, ne voulut pas se séparer d'elle. Elle s'estimait heureuse de rendre à son ancienne compagne d'infortune tous les services qu'on peut attendre du dévouement le plus fidèle. De son côté, Madame de la Chevallerie voulait traiter comme une égale celle qui lui témoignait un pareil attachement. Il y eut, entre ces deux âmes généreuses, une sorte d'émulation on ne peut plus touchante. C'était à qui l'emporterait en bons offices, en attentions, en procédés délicats.

Chacune d'elles avait une fille : celle de la marchande de Cholet remplit l'office de femme de chambre auprès de Mademoiselle de la Chevallerie, qui la traitait moins comme une servante que comme une sœur.

A côté d'un si touchant exemple de fidèle attachement, il importe de rappeler ici le courage héroïque dont ces femmes magnanimes firent preuve sur le champ de bataille. Quel cœur chrétien et français n'a tressailli au récit des nobles luttes de la Vendée, après que la mort du roi Louis XVI, l'exil et la proscription des prêtres catholiques eurent jeté au sein de cette religieuse province les germes d'une irritation profonde ?

« Déjà, dit M. le comte de Quatrebarbes, des soulèvements partiels avaient éclaté sur différents points de l'Anjou, du Poitou et de la Bretagne ; et, malgré leur répression sanglante, il était resté dans les esprits un ardent désir de vengeance. En voyant leurs églises fermées ou profanées par d'indignes ministres, ces intrépides laboureurs se demandaient en frémissant s'il ne valait pas mieux mourir les armes à la main, victimes d'une cause sainte, que vivre esclaves, sans roi, sans religion et sans Dieu, et envoyer leurs enfants verser leur sang pour la cause d'une assemblée régicide [1]. »

Personne n'ignore l'origine de l'insurrection, ses phases diverses, ni les événements qui suivirent le passage de la Loire par les Vendéens. Toutefois on aimera entendre ici Madame la marquise de la Rochejaquelein, cette illustre veuve à qui il n'a manqué aucun genre de gloire ni de douleurs, raconter elle-même, dans ses *Mémoires*,

---

(1) *Une Paroisse vendéenne sous la Terreur*, par M. le comte de Quatrebarbes, p. 16.

ce mémorable passage du fleuve devenu tristement célèbre :

« Lorsqu'à la pointe du jour (18 octobre 1793), les généraux vendéens entrèrent à Saint-Florent, un spectacle qui ne se verra plus, semblable à celui des migrations des peuples antiques, frappa leurs yeux étonnés. Quatre-vingt mille personnes se pressaient sur la plage. Femmes, soldats, enfants, vieillards, blessés, tous étaient pêle-mêle, fuyant le meurtre et l'incendie. Derrière eux s'élevait la fumée des villages dévorés par les flammes. On entendait que des pleurs, des gémissements et des cris. Dans cette multitude confuse, chacun cherchait à retrouver ses parents, ses amis, ses défenseurs. On ne savait quel sort on allait rencontrer sur l'autre rive ; cependant on se pressait d'y passer, comme si au delà du fleuve se trouvait la fin de tous les maux. Une vingtaine de mauvaises barques portaient successivement les fugitifs qui s'y entassaient. Plusieurs cherchaient à traverser sur des chevaux ; tous tendaient les bras vers l'autre bord. Beaucoup comparaient ce désordre, ce désespoir, cette terrible incertitude de l'avenir, ce spectacle immense, cette foule égarée, ce fleuve qu'il fallait traverser, aux images que l'on se fait du redoutable jour du jugement dernier. »

Après la prise de Laval (2 novembre) et un

échec subi devant Granville, où elle avait vainement attendu un secours promis par le gouvernement anglais, l'armée vendéenne se replia en désordre sur Avranches, et dut reprendre la route de Laval déjà couverte de nouvelles troupes républicaines. Le 18 novembre, après une effroyable mêlée qui se prolongea jusqu'à neuf heures du soir, elle s'empara de Pontorson. Le lendemain elle occupa Dol. Mais, au milieu de la nuit, les Vendéens furent attaqués dans cette ville par Westermann, à la tête de l'avant-garde républicaine. Le général en chef Rossignol le suivait. Il avait réuni sous son commandement les armées de l'Ouest, des côtes de Cherbourg et de l'Océan. Déjà ses colonnes s'avançaient sur les deux routes d'Antrain et de Pontorson, dans l'intention de couper toute retraite aux Vendéens. Il ne s'agissait plus seulement pour ces derniers du sort d'une bataille : c'était une question de vie ou de mort.

Le combat fut terrible et se prolongea deux jours avec un acharnement sans exemple. Au milieu de la nuit, il y eut un moment de confusion et de terreur qui faillit tout perdre malgré la vaillance de la Rochejaquelein et du prince de Talmont. Déjà les Vendéens fuyaient éperdus... *Les hommes les plus braves avaient perdu courage et leurs mains restaient impuissantes, lorsqu'on vit se lever une femme qui changea la fortune des armes* [1]. — Cette femme, c'était celle dont il vient d'être parlé plus haut c'était *Madame René-Gérard Hunault de la Chevallerie*, née Jouhault des Touches. Honneur à cette héroïne! Arrêtant les fugitifs par ses reproches, elle rallia l'armée et décida de la victoire par son intrépidité, pendant que la femme de chambre de sa fille, saisissant un fusil, lançait au galop son cheval droit à l'ennemi, en s'écriant : *Puisque les hommes nous abandonnent, au feu les Poitevines* [2] *!*

Après deux années de luttes à jamais mémorables, la Vendée reconquit enfin la liberté de prier Dieu. Les huit derniers mois de 1795 s'écoulèrent dans une paix profonde, au Lavoir, où Madame de la Paumelière avait retrouvé son château dévasté mais encore debout, et où Stofflet avait établi le quartier général de l'armée de l'Anjou. Après les inquiétudes et les périls, le plaisir et les fêtes y furent ramenés par le mariage d'un des plus intrépides officier de Stofflet, la marquis de Jousselin, avec Mademoiselle de la Chevallerie. Le général Stofflet avait voulu servir

---

(1) Cessaverunt fortes et quieverunt, donec surgeret.. mater in Israel. *Judic.*, v. *Cantic. Debbora.*

(2) Voir *Une Paroisse vendéenne...* p. 257. — Cf. *Vie de Madame la marquise de la Rochejaquelein*, par A. Nettement, p. 270. - La famille de la Chevallerie possède, entre autres tableaux de ses ancêtres, le portrait de René-Gérard, celui de l'héroïne de Dol, sa digne épouse et celui de leur fils, Charles-Jean-Hunault.

de père à la jeune et gracieuse fiancée qui, à quinze ans, avait partagé les fatigues et les dangers de la grande expédition d'outre-Loire, à côté de sa courageuse mère, l'héroïne de la journée de Dol.

Il y a tout lieu de croire que ce mariage fut célébré par M. Barbier de Montault, le vénérable curé de Saint-Laud, qui s'était fixé au Lavoir et auquel Madame de la Chevallerie avait confié la direction de sa conscience. Caché à Angers, sous un déguisement, pendant la Révolution, ce digne prêtre n'avait pas cessé de prodiguer à tous les consolations de son ministère [1].

Des vers touchants, composés par un officier vendéen, furent chantés à ce mariage. Ils exprimaient d'admirables sentiments de loyauté et d'honneur, un chaste amour rempli de sacrifice, inséparable de la double fidélité à Dieu et au roi.

Comme on l'a vu plus haut, Charles-Jean Hunault de la Chevallerie combattit sous les ordres du général de Grignon jusqu'au mois de février 1800, époque où cessèrent les hostilités. En 1808, il rentra au service en qualité de capitaine au régiment de Westphalie. Le 10 septembre, un ordre du ministre de la guerre le fit passer avec son grade dans le régiment de la Tour-d'Auvergne,

---

(1) Renseignements communiqués, en août 1881, par Madame Ulic de la Chevallerie. — Voir *Une Paroisse vendéenne*, etc., p. 257.

avec lequel il resta en Italie jusqu'en 1814. Le 8 février de ladite année, il tomba blessé au genou droit, à la bataille du Mincio, en enlevant une batterie autrichienne, à la tête de sa compagnie de carabiniers. Fait alors prisonnier, il rentra en France par suite de la paix du 11 août suivant. Nommé chef de bataillon le 4 octobre, puis chevalier de Saint-Louis le 5 novembre, il reprit le service actif comme aide de camp du général comte Charles d'Autichamp, et fit avec lui la campagne des Cent-Jours dans l'armée vendéenne. Nommé lieutenant-colonel de la Légion de la Dordogne, depuis 13e de ligne, il fit partie, en cette qualité, de l'armée d'observation des Pyrénées, en 1822. Il fit, en 1823, la campagne d'Espagne, et y reçut le grade de colonel, et la croix de Saint-Ferdinand d'Espagne de 2e classe [1]. Il avait été nommé chevalier de la Légion d'honneur le 18 mai 1820 ; il fut promu au grade d'officier le 23 mai 1825, ainsi que l'atteste le diplôme conservé dans les archives de la famille [2].

(1) Dans une lettre datée du 12 septembre 1823, le maréchal de camp, général comte d'Arbaud, commandant supérieur du royaume de Valence, félicite M. C.-J. Hunault de la Chevallerie de sa promotion au grade de colonel. Il fait l'éloge de cet « homme de bien estimable » auquel il porte « un véritable attachement. »

(2) C'est par erreur que la *Généalogie* imprimée de Magny porte cette promotion au grade d'officier de la Légion d'honneur à l'année 1826.

Il est regrettable que le cadre de ce travail ne permette pas de reproduire ici les lettres élogieuses et tous les témoignages d'estime et de satisfaction dont Charles-Jean de la Chevallerie fut honoré, soit de la part de ses chefs militaires, soit de celle des rois Louis XVIII et Charles X.

On conserve précieusement dans sa famille un morceau du cordon avec lequel le duc de Berry portait les insignes de la Toison d'or lorsqu'il tomba sous le poignard du misérable Louvel. Ce morceau de ruban, qui est de soie rouge, fut envoyé le 11 août 1820 au lieutenant-colonel J.-C. de la Chevallerie, qui était alors à Nantes, par sa cousine Madame la comtesse d'Autichamp, de la part du général comte Ch. d'Audichamp lui-même. Dans la lettre d'envoi se trouve, imprimée sur papier vert, l'inscription suivante, destinée à être gravée sur les médaillons d'argent dans lesquels on devait porter, appliqué sur fond noir, ce souvenir précieux presque à l'égal d'une relique :

AUX

VENDÉENS ;

PORTÉ

PAR BERRI,

DONNÉ PAR

CAROLINE.

Cinq ans plus tard, le colonel de la Chevallerie fut l'objet d'une distinction trop flatteuse pour pouvoir être passée sous silence. Rappelons d'abord l'événement mémorable qui en fournit l'occasion.

Afin de mettre sa couronne et son royaume sous la protection du Roi des rois, Charles X avait, dès son avènement au trône, témoigné le désir de recevoir l'onction royale dans l'antique cité de Reims.

La cérémonie fut fixée au 29 mai 1825. Le 28, à midi, le roi arrivait au village de Tinqueux, à une lieue et demie de Reims, où l'attendait la voiture du sacre et un immense et splendide cortège officiel. Jusqu'à Reims, la route formait une longue galerie triomphale, ornée de fleurs, de feuillages et de banderoles. Les rues, depuis les portes de la ville jusqu'à la cathédrale, offraient un spectacle incomparable. Le pavé sablé avait disparu sous les fleurs ; partout des tapis et des guirlandes ; des masses de spectateurs à toutes les fenêtres, à tous les balcons, sur tous les toits ; et au milieu de cette foule immense, un enthousiasme mêlé de larmes et d'acclamations, enthousiasme vrai que nos temps ne connaissent plus.

Selon une parole de l'historien auquel nous empruntons ces détails, l'entrée de Charles X à Reims, le 28 mai 1825, est une de ces pages qui ne s'écrivent pas deux fois [1]. Le roi, après le chant du *Te Deum*, fut conduit au palais de l'archevêché, où les membres du chapitre et les autorités de la ville, admis en sa présence, lui offrirent les présents qui étaient de vieille tradition : du vin de Champagne et des poires de Rousselet.

La cérémonie du sacre commença le 29 mai à sept heures et demie du matin. Ce fut un moment d'émotion profonde que celui où Charles X, revêtu d'une veste de satin blanc, coiffé d'une toque blanche entourée de diamants et surmontée d'une touffe de plumes blanches et noires, précédé par le maréchal Moncey portant l'épée de connétable, entra dans la cathédrale et s'avança vers le maître-autel. Les ducs de Conegliano, de Dalmatie et de Trévise étaient là, à côté des Montmorency, des La Trémouille et de tant d'autres noms illustres. Les deux cardinaux assistants étaient les Éminences de Clermont-Tonnerre et de La Fare. Monseigneur de Latil, archevêque de Reims, officiait. Tendu de velours et de soie, resplendissant du feu de milliers de flambeaux, de l'éclat des uniformes, des diamants et des parures des femmes, l'intérieur de la cathédrale formait un tableau merveilleux. Les portraits des rois sacrés depuis treize cents ans dans la basilique de Reims, regardaient

---

(1) Poujoulat, *Histoire de France depuis 1814 jusqu'au temps présent*; Paris, 1865.

avec amour leur descendant agenouillé devant le Dieu de Clotilde et de saint Louis. La France n'était pas petite dans ce temple où se pressaient de si beaux souvenirs, de si grands noms et tant de gloires : l'Europe, dans sa représentation la plus magnifique, faisait cortège à notre royauté d'où sont sorties toutes les autres royautés du monde moderne.

La main posée sur le livre des saints Évangiles et sur une relique de la vraie croix, le roi promit de maintenir et d'honorer la religion catholique, comme il appartient au Roi Très Chrétien et au Fils Aîné de l'Église. Puis il fut armé avec l'épée de Charlemagne, reçut les onctions saintes, et parut avec la dalmatique de satin violet et le manteau royal en velours violet semé de fleurs de lis d'or ; le sceptre et la main de justice furent mis dans ses mains. Enfin l'archevêque pose sur la tête du prince la couronne de Charlemagne, le conduit à son trône, s'incline devant le roi, lui donne le baiser pontifical, crie trois fois : *Vivat Rex in æternum!* et d'immenses acclamations lui répondent, au bruit des fanfares et du canon ; les portes de la basilique s'ouvrent au peuple qui crie : *Vive le Roi!* Des oiseliers, d'après une coutume de la vieille France, lâchent sous les voûtes de la cathédrale des centaines de colombes, symboles de la liberté retrouvée, inséparable de la royauté française.

Pour que rien ne manquât aux splendeurs d'un si beau jour, Charles X avait convoqué à la cérémonie de son sacre un bataillon non-seulement de chaque régiment de la garde royale, mais aussi de chacun des régiments de ligne qui se trouvaient alors dans la première et la seconde division militaire. Le 8ᵉ Léger, qui avait pour colonel M. Ch. J. de la Chevallerie, tenait garnison à Mézières. Fier de l'honneur qui lui était fait, le 1ᵉʳ babaillon de ce régiment quitta Mézières le 23 mai, à trois heures et demie du matin, pour se diriger vers Reims. Le 26 mai, à six heures du matin, il arrivait à la porte du camp, et, après une halte de quelques minutes, il entrait en grande tenue.

Écoutons une relation officielle de ce voyage, écrite par l'un des officiers qui en firent partie :

« ... Dès qu'on aperçut le bataillon, une partie des officiers et soldats déjà campés se réunirent sur le front de bandière pour nous voir passer [1]. Nous entendions dire, à notre grande satisfaction : « Quelle « tenue régulière ! Ne dirait-on pas qu'ils sortent de « leur caserne pour passer la revue ! » En un instant nous fûmes installés dans nos tentes. On nous distribua les outils de campement et tous les usten-

---

(1) Dans le langage militaire, on appelle front de bandière (de l'allemand *band*, drapeau) la rangée, l'alignement des drapeaux et des étendards en tête d'une armée ou d'un camp.

siles nécessaires; en quatre heures l'endroit où nous campions fut transformé en un parterre charmant. Le lendemain, on travailla, comme la veille, avec une ardeur et une promptitude admirables ; officiers et soldats montrèrent le plus grand zèle.

« Le colonel de la Chevallerie ne négligea rien pour que le front de bandière répondît à la tenue brillante de son bataillon. Une pyramide surmontée du buste du roi fut élevée à la Place du Drapeau ; au pied de cette pyramide se trouvait le buste du Dauphin, avec cette inscription : *L'armée d'Espagne au duc d'Angoulême* ; pour rappeler que le 8ᵉ Léger avait partagé la gloire de son immortelle expédition au delà des Pyrénées. On lisait à droite de la pyramide : *Au Roi nos bras*, et à gauche : *Aux Bourbons nos cœurs*. Derrière était inscrite cette devise : *Dieu, le Roi, la France;* plus loin : *Toujours dans nos cœurs*. Toutes ces inscriptions et cent autres étaient artistement dessinées avec des bleuets, des marguerites, des pavots et de la mousse. Le front de bandière était continuellement rempli d'étrangers qui ne pouvaient s'empêcher de témoigner leur surprise et leur admiration.

Enfin, le 28, à huit heures et demie du matin, les colonels reçoivent l'ordre de réunir leur bataillon en grande tenue, pour aller à la rencontre de Sa Majesté. La cavalerie précède la colonne d'infanterie et se porte en avant pour annoncer l'arrivée du roi. Dès qu'il parut, il fut salué de vingt-et-un coups de canon, et le restant de l'artillerie, disposé sur les côtés de la route de distance en distance, lui rendit les mêmes honneurs.

« Le jour mémorable arrive enfin : deux officiers par grade sont appelés à l'auguste cérémonie du sacre. Le drapeau est escorté par une section de seize sous-officiers jusqu'à la porte de la cathédrale. Le colonel de la Chevallerie le prend alors et va se placer avec les autres colonels au bas de l'escalier du trône.

« Quel spectacle plus beau et plus digne d'un roi, que de se voir entouré de ses plus fidèles défenseurs, tenant à ses pieds des drapeaux toujours respectés et tout brillants encore d'une gloire récente, acquise en délivrant un prince de son sang.

« Le lendemain, le roi passa la revue des troupes. Il se présenta en grand uniforme de la garde royale, monté sur un cheval blanc de toute beauté ; le Dauphin marchait à sa droite et le duc d'Orléans à sa gauche. Les maréchaux de France suivaient respectueusement le monarque, ainsi que toute sa cour au milieu de laquelle se trouvaient un grand nombre de princes étrangers. Le roi passa deux fois devant les rangs : le silence et la parfaite immobilité commandés par les lois militaires empêchèrent seuls les troupes de témoigner, comme la multitude, leur allégresse et leur enthousiasme.

« Charles X, avant de voir défiler cette belle portion de son armée, *ordonna au colonel de la Chevallerie de prendre deux croix d'honneur et de faire sortir des rangs l'officier et le sous-officier qui avaient montré le plus de zèle et d'activité dans le service.*

« Les troupes passèrent ensuite successivement par division devant le roi, et *le colonel de la Chevallerie eut la douce satisfaction d'entendre faire, de la bouche même du Dauphin, l'éloge de son bataillon*. Le jour suivant la Dauphine honora aussi le camp d'une visite. Elle passa à pied devant les bataillons réunis sans armes, et elle dit au colonel Hunault de la Chevallerie : « *Vous avez un beau bataillon.* »

Au moment d'être nommé maréchal de camp, M. de la Chevallerie, fidèle au serment qu'il avait prêté à la branche aînée des Bourbons, rentra dans ses foyers, par suite de sa demande, le 8 août 1830. Il fut mis à la retraite par ordonnance du 6 janvier 1838, et mourut à Poitiers le 16 mars de l'année suivante.

Monsieur le colonel de la Chevallerie avait épousé à Poitiers, le 13 floréal, an IX (3 mai 1801)

Sophie-Elisabeth-Louise de Tudert. De ce mariage sont issus :

1° Emmanuel-Louis-Adolphe. dont il sera parlé plus bas.

2° Charles-Louis-Ulic-Olivier Hunault de la Chevallerie, qui naquit à Poitiers le 27 janvier 1805. Sorti de l'École de Saint-Cyr le 1er octobre 1826, avec le grade de sous-lieutenant, il servit dans le 3e régiment d'infanterie légère, sous les ordres de son père, qu'il suivit dans sa retraite, en 1830. Il prit part, en 1832, au soulèvement de la Vendée, comme aide de camp du général comte Ch. d'Autichamp, commandant en chef de la rive gauche de la Loire. Le 20 janvier 1836, il épousa, à Moulidars, en Angoumois, Mademoiselle Ernestine-Marie-Thérèse de Terrasson [1], qui descendait par sa mère de la famille de Lusignan. Cette illustre maison a produit Gui de Lusignan, neuvième roi de Jérusalem et fondateur, en 1192, d'une dynastie qui régna sur l'île de Chypre.

3° Marie-Alexandrine-Octavie-Alix Hunault de la Chevallerie, née à Poitiers le 15 janvier 1809, mariée le 20 janvier 1830 à M. Augustin du

(1) On a vu au commencement du chapitre XII, page 91, une note sur la noble famille de Terrasson. La terre de ce nom se trouve dans le département de la Dordogne. Bâtie sur une colline baignée par la Vézère, la petite ville de Terrasson forme un chef-lieu de canton de l'arrondissement et au nord de Sarlat — Dans la vie de saint Sour, ermite, et premier abbé de Terrasson, au diocèse de Périgueux, on lit que le nom de Terrasson, autrefois Terashòn, est composé de deux mots gaulois : *terash*, chemin, et *ôn*, fontaine.

Moustier, dont un fils : Marcel du Moustier, qui a épousé à Versailles sa cousine issue de germaine, Louise de Jousselin.

Plus d'une fois, dans le cours de ce travail, il a été fait mention de M. Emmanuel-Louis-Adolphe Hunault de la Chevallerie, chevalier. Nous ne rappellerons pas ici ce que nous avons dit de ses vertus privées et de ses brillants débuts dans la carrière militaire [1]. Né à Poitiers le 17 mai 1802, il fut nommé sous-lieutenant au 30° de ligne, le 8 août 1821, et entra avec son grade dans le 13° de ligne. Il fit avec ce régiment la campagne d'Espagne, en 1823-1824. Décoré de l'Ordre royal et militaire de Saint-Ferdinand d'Espagne de 1re classe, et promu au grade de lieutenant, à l'âge de 22 ans, le 27 octobre 1824, il se retira du service, en même temps que son père et son frère, le 27 octobre 1824. Il mourut en 1864.

Il avait épousé, le 4 mai 1830, Mademoiselle Louise-Caroline de Blom, héritière des titres des marquis et barons de Blom, à qui est consacrée la notice dont le présent aperçu généalogique forme en quelque sorte le complément [2].

Dans la biographie de Madame de la Chevallerie il a été, tout naturellement, fait mention plusieurs fois de ses trois enfants :

(1) Voir p. 21-25.
(2) Voir p. 18.

1° M. Carle-Joseph-Arthur Hunault de la Chevallerie, chef de nom et d'armes de la famille, est né à Poitiers le 12 avril 1831. Le 7 janvier 1862, il épousa, à Versailles, sa cousine Marie-Camille de Jousselin, fille du marquis de Jousselin et de Mademoiselle de Blosseville, fille du contre-amiral comte de Blosseville [1].

2° Marie-Olivier-Emmanuel Hunault de la Chevallerie, né à Poitiers, le 25 juin 1839, sortit le 1er octobre 1860 de l'École de Saint-Cyr. Il était officier au 1er chasseurs d'Afrique, lorsqu'il fut blessé à la bataille de Sedan, le 1er septembre 1870. Il mourut des suites de ses blessures, le 1er mars 1873.

3° Marie-Caroline-Gabrielle Hunault de la Chevallerie vint au monde, également à Poitiers, le 17 février 1841. Il y a peu de pages, dans cet opuscule, où son nom ne figure à côté de celui de sa mère. Consacrée au Seigneur dans le saint état religieux, la fille des nobles chevaliers dont nous venons d'esquisser l'histoire, met son bonheur à se faire, pour l'amour de Dieu, l'humble servante des pauvres, sous la robe de bure et sous la blanche cornette des Filles de la Charité de Saint-Vincent de Paul.

(1) La famille de Jousselin porte : *d'azur à la fasce de gueules, surmontée d'un lion passant, avec deux fleurs de lis d'or aux cantons dextre et sénestre de la pointe.*

II

LE PSAUME XXII

Dominus regit me[1]

L'âme confiante sous la conduite du divin Pasteur.

Traduction d'après le texte hébreu, avec paraphrase.

Le psaume XXIIe est un hymne de confiance en la bonté divine. On y trouve admirablement exprimés les sentiments de douce sécurité et de paix délicieuse dont jouit l'âme fidèle sous la conduite du Seigneur, qui la nourrit de sa grâce, de sa parole et de son sang. Ce divin cantique renferme, dans le texte hébreu, cinq strophes, chacune de trois vers. Le début est celui d'une idylle pleine de fraîcheur et de grâce. Le Psalmiste, se ressouvenant sans doute des jours où il menait

[1] Voir p. 131.

paître les brebis de son père, dépeint les âmes que Dieu conduit, sous l'image d'un troupeau guidé par un berger fidèle. Quel charme dans cette allégorie empruntée à la vie pastorale, qui comprend les trois premières strophes! Comme elle est bien de nature à remplir le cœur de confiance et de paix!

PREMIÈRE STROPHE

1. *Jéhova est mon pasteur, je ne manquerai de rien :*
2. *Il me fait reposer dans des prairies verdoyantes,*
3. *Et il me conduit au bord de tranquilles ruisseaux.*

ỳ. 1. — De toutes les images sous lesquelles Dieu est représenté dans les Saintes Écritures, l'une des plus aimables est celle de pasteur. Les noms de Créateur, de Seigneur, de roi et de juge ont quelque chose qui inspire la crainte: il n'en est pas ainsi du nom de pasteur. Comme le nom de père, sans diminuer le respect, il excite la confiance et l'amour, il apporte à l'âme paix et consolation. Déjà avant David, Jacob, qui, lui aussi, y avait été amené par des circonstances personnelles, avait employé cette figure, dont les prophètes Isaïe et Ézéchiel se sont servis dans la suite. Est-il un cœur chrétien qui ne se soit senti doucement ému au récit de la parabole du bon Pasteur? Aussi, faut-il s'étonner que, dès les premières années de notre ère, les plus suaves compositions de l'art chrétien aient été inspirées par cette incomparable page de l'Évangile, où Notre-Seigneur daigne se désigner lui-même sous le nom et sous l'emblème d'un pasteur tendre et dévoué, connaissant toutes ses brebis et leur prodiguant son affection, son dévouement et sa vie ?

Je suis la petite brebis du Seigneur, semble ici s'écrier le Psalmiste, et, avec lui, l'âme fidèle; et parce que ce divin Pasteur est plein de tendresse, de sagesse et de puissance, je me dis avec confiance : *Je ne manquerai de rien.* — C'est la parole du chrétien cheminant en cette vie, au milieu des joies que procure l'espérance. Les Bienheureux arrivés dans la patrie, à jamais exempts de peines et de douleurs, assurés dans la possession des biens dont ils sont comblés, peuvent chanter : *Je ne manque de rien.* Pour nous, environnés ici-bas d'ennemis, de combats et de dangers, du sein de notre indigence et de notre faiblesse, nous levons vers le Ciel nos regards pleins d'espérance, disant : *Je ne manquerai de rien* : dans la faim je trouverai une salutaire réfection, et dans la maladie, un médecin compatissant, car c'est le Seigneur lui-même qui me conduit avec la sollicitude dévouée d'un pasteur pour ses brebis.

§ 2. — Pendant que les partisans du monde, fascinés par ses appâts trompeurs, errent misérablement, le cœur vide et en proie à une tristesse secrète, dans des pâturages arides, livrés aux agitations qui suivent leurs passions criminelles, quelle joie, quelles délices et quelle paix pour nous, qui sommes les brebis de votre troupeau, ô adorable Pasteur des âmes! Sans avoir à redouter ni la fatigue, ni les attaques de nos ennemis, ni la disette, ni les ardeurs brûlantes du soleil, nous goûtons un repos doux et opulent sous les frais ombrages de vos tabernacles et dans les verdoyantes prairies de vos Écritures, qui nous réjouissent et nous réconfortent.

ỳ 3. — Le monde, ô mon Dieu, m'attirait sur le bord de ses eaux empoisonnées, aux fleuves troubles et insalubres de Babylone, à des torrents furieux, qui entraînent dans le gouffre le malheureux qui se courbe pour boire à leurs eaux impures, chargées de limon et de cadavres. Alors, ô aimable Pasteur, vous m'avez tendu la main de votre miséricorde, pour me ramener aux sources limpides et vivifiantes de vos sacrements, où mon âme s'est délicieusement désaltérée à cette eau qui, éteignant toute soif du monde et de ses plaisirs, *rejaillit jusqu'à la vie éternelle.*

IIe STROPHE

4. *Il ranime ma force défaillante,*
5. *Et il guide mes pas*
6. *Dans les voies de la justice, pour la gloire de son nom.*

℣ 4. — Loin de Dieu, je languissais et j'allais périr, lorsqu'il m'a ramené à la vie. Mon cœur, sans cesse agité et tourmenté, a retrouvé en lui le repos et la paix.

Ce n'était pas assez pour ce bon Pasteur de me retirer du gouffre où je m'enfonçais, de me soustraire aux périls du monde et de me faire abandonner ses voies funestes. Même dans le chemin de la vertu on peut s'égarer, en voulant aller à Dieu par des sentiers qui ne sont pas ceux par où il veut nous conduire. Et voilà le nouveau bienfait des miséricordieuses tendresses du Seigneur : il m'a enseigné les devoirs de mon état, qui sont pour moi la seule voie de mon salut, et il m'a appris à les remplir avec fidélité. Il m'a conduit lui-même dans les voies de la justice, me tenant par la main, éclairant mon intelligence, purifiant mon cœur, affermissant ma volonté, m'inspirant l'horreur du vice et l'attrait de la vertu, m'assistant, me secourant, m'encourageant de mille manières, par les opérations merveilleuses de sa grâce, afin de manifester les richesses de ses miséricordes et la gloire de son nom.

IIIe STROPHE

7. *Même si je traverse la vallée d'ombre de mort,*
8. *Je ne crains aucun mal, parce que tu es avec moi;*
9. *Ta houlette et ton bâton sont mon assurance et ma consolation.*

⊽ 7 et suiv. — Avec quelle confiance ne dois-je pas marcher en compagnie d'un guide dont la sollicitude n'a d'égale que la puissance! Voyez-la, cette pauvre et faible brebis, marchant, pendant la nuit, dans une vallée « d'ombre de mort » comme porte le texte, c'est-à-dire dans une vallée étroite et profonde, bordée de précipices, couverte d'une obscurité épaisse et effrayante, pareille à celle de la mort, environnée de rochers escarpés et de ronces qui la déchirent. Elle s'avance sans crainte devant le berger qui la conduit, car elle sait qu'il prendra soin d'elle, qu'il la portera, au besoin, dans ses bras et sur ses épaules, et qu'il saura bien la défendre avec sa houlette, contre les attaques des loups qui tenteraient de la dévorer.

Image belle et touchante entre toutes, de la tranquillité confiante avec laquelle, sous la protection du divin Pasteur, l'âme qui a choisi Dieu pour son partage, traverse, dans cette sombre vallée d'exil, souvent triste comme la mort, les divers états de dégoût, d'aridité et de ténèbres qui l'éprouvent. Dans les lassitudes et les défaillances qu'elle ressent parfois, en parcourant les sentiers des commandements de Dieu et des conseils évangéliques, une force secrète la soutient et la console. Ni les amertumes, ni les tristesses, ni aucune des épreuves inséparables de cette pauvre vie, ni les plus dures privations, ni les séparations les plus sensibles et les plus déchirantes, rien n'est capable d'ébranler sa fidélité, ni de troubler la paix intime et profonde dont elle jouit : elle sait qu'elle marche sous la houlette et sous la garde de Celui qui dit à chacun de nous par l'un de ses prophètes : *Ne crains pas : moi, ton Dieu, je suis avec toi, prêt à te secourir. Je te prendrai par la main et je serai ta force et ton soutien.*

Dieu ne se contente pas d'assister les siens dans leurs travaux et leurs dangers : il les rassasie des biens de sa maison.

Après les trois premières strophes qui viennent d'être expliquées, le psaume présente un changement subit de figure, ce qui est tout à fait dans le goût oriental, et n'altère ici en rien l'unité de la pensée et du sentiment. L'image de la brebis disparaît pour faire place à une autre également familière aux Hébreux : l'image d'un festin délicieux, par laquelle le poète sacré exprime les jouissances dont Dieu comble ses élus.

IV° STROPHE

10. *Tu me prépares une table, à la face de mes ennemis;*
11. *Tu distilles un parfum sur ma tête,*
12. *Et tu remplis ma coupe.*

℣ 10 et suiv. — Tout en se tenant aussi près que possible de l'allégorie continuée jusqu'ici, le Psalmiste s'en écarte un peu dans la seconde partie de son cantique, parce que la comparaison du soin pastoral n'eût plus été assez noble pour dépeindre l'action de la Providence divine dans le nouveau rapport sous lequel il va l'envisager. Cette aimable Providence apparaît maintenant sous les traits d'un hôte ou d'un ami riche et puissant, qui accorde sa protection à son ami persécuté, et lui sert un repas splendide sous les yeux de ses ennemis confondus. Rien ne manque à ce festin d'honneur: ni les mets délicieux, ni les suaves parfums répandus sur la tête de l'heureux convive, selon l'usage observé par les Orientaux à l'égard des hôtes qu'ils voulaient honorer, ni les vins exquis, qui remplissent la coupe.

Il est à peine besoin de faire observer que les SS. Pères, notamment S. Cyprien (*Epist.* 63 *ad*

Cœcil.) et S. Ambroise (*de Elia et jejun*, c. 10) ont vu dans la table dont parle ici le prophète royal, une figure de la table eucharistique. Pour nous secourir dans les tribulations que le monde nous suscite, pour réparer nos lassitudes et ranimer nos forces, Jésus, *notre ami et le doux hôte de nos âmes*, comme l'appelle l'Église, nous offre dans la sainte communion un banquet plein de suavités et de délices ineffables. La nourriture qu'il nous donne, c'est sa propre chair; la coupe qu'il nous présente, elle contient son propre sang: aliment et breuvage tout célestes, qui nous rendent invincibles aux ennemis de notre salut et répandent dans nos âmes l'onction de la grâce et de la foi, le baume de l'espérance, le parfum de la paix et de la charité!

Le monde ne parle qu'aux sens, il n'a que des consolations extérieures et apparentes, qui n'atteignent que la surface et laissent l'aiguillon dans le cœur; il ne porte aucun remède dans l'âme où résident l'amertume et le chagrin. Il ne peut nous consoler de nos pertes et de nos afflictions. C'est un maître ingrat et trompeur, qui vit de nos maux et ne fait que les aggraver tout en faisant semblant de les soulager. Il n'en est pas de même de vous, ô mon Dieu! Vous avez pourvu avec la bonté d'un ami et d'un père à tous les besoins de vos enfants; vous nous avez préparé une table toujours ouverte, table royale et divine, où vous vous donnez vous-même en nourriture.

Courons avec empressement à ce festin d'amour, où le Seigneur distillera dans nos âmes l'huile du parfum précieux qui, en les rendant pures, saines, vigoureuses et fortes dans la vertu, les préservera de toute corruption et déposera en elles le germe de la glorieuse immortalité. Mangeons avec une sainte avidité cette viande céleste, qui nous remplira de force et de courage pour marcher vers les montagnes éternelles; buvons avec bonheur cette coupe divine, qui nous enivrera d'une joie toute sainte et nous fera trouver insipides et amers les breuvages que le monde offre à ses partisans.

V° STROPHE

13. *Ta bonté et ta miséricorde me couvriront de leur ombre*
14. *Tous les jours de ma vie,*
15. *Et j'habiterai dans les parvis du Seigneur, pour toujours!*

Voilà le fruit de la protection du Seigneur, que David nous a dépeint, dans ce psaume, sous les traits d'un pasteur vigilant, d'un hôte et d'un ami plein de tendresse et de dévouement.

C'est aussi le fruit précieux de la sainte communion, c'est le sentiment de douce espérance et de confiance invincible que nous puisons à la table eucharistique. Après nous avoir accompagnés dans cette terre étrangère pendant notre pèlerinage ; après nous avoir admis au pied de ses autels et à sa table, le Seigneur de bonté et de miséricorde nous introduira un jour dans le palais de sa gloire, dans la céleste Jérusalem, où il n'y aura plus ni douleurs, ni deuil, ni larmes, ni périls, ni combats, et où, réunis à jamais à ceux que nous aimions sur cette terre et qui sont morts dans la grâce du Seigneur, nous habiterons, pendant toute la durée des jours de l'éternité, dans une paix et dans une joie qui surpasse toutes nos conceptions, selon la parole de l'Apôtre : *L'œil de l'homme n'a rien vu, son oreille n'a rien entendu et son esprit n'a rien conçu en comparaison de ce que Dieu prépare à ceux qui l'aiment.*

III

DOCUMENTS

RELATIFS A M. LE COMTE DE BIZEMONT, BEAU-FRÈRE DE MADAME DE LA CHEVALLERIE (1).

1° *Son éloge funèbre et le récit de ses obsèques* (2).

Les funérailles de M. le comte de Bizemont, qui ont eu lieu hier dimanche, ont revêtu le caractère d'une magnifique et imposante manifestation populaire.

Tout ce que notre ville compte d'hommes d'élite et d'honnêtes gens, sans acception de rang ou d'opinion, s'était donné rendez-vous auprès des dépouilles de celui qui consacra sa vie entière au service des pauvres, des souffrants et des affligés.

Dès onze heures, les salons et la cour de la maison mortuaire étaient complètement occupés, et M. de Malval, conseiller à la cour, l'un des amis

---

(1) Voir au chapitre XVII de la Notice.
(2) Extrait du *Courrier de la Vienne*, numéros du 28 et du 29 mars 1881.

les plus intimes du défunt, prononça le discours suivant, dans lequel il a su retracer en termes d'une saisissante vérité, cette vie si admirable et si bien remplie :

« Messieurs,

« Ce concours nombreux et sympathique, cette garde d'honneur faite depuis deux jours auprès d'une dépouille mortelle, témoignent assez que le deuil qui nous rassemble dépasse les proportions d'un deuil ordinaire.

« Le comte Eugène de Bizemont, que nous venons accompagner à sa dernière demeure, était un grand homme de bien, et notre ville tout entière l'entourait de sa respectueuse admiration. Ce n'est pas un simple citoyen qui meurt, c'est une force que Dieu nous retire, c'est un exemple qui disparaît, c'est une lumière qui s'éteint. Il y a de moins parmi nous, un de ces caractères rares dont on pouvait dire : « C'est un homme ! c'est un chré-
« tien ! »

« Sans doute, les regrets qu'il nous laisse sont mélangés de consolation et d'espérance infinies. Nous croyons, suivant la belle formule chrétienne, qu'il est passé dans un monde meilleur, où il voit le Dieu qu'il a aimé et servi. Mais la place qu'il occupait était si bien remplie, le vide laissé par sa disparition est si grand et si douloureux que les âmes les plus fermes se sentent tentées de défaillance, en voyant partir dans ces temps troublés, ceux-là même qui étaient leurs guides, leurs modèles et leurs soutiens.

« Qu'il soit permis à la parole émue d'un ami, d'esquisser quelques traits de cette noble et sainte figure. Le spectacle d'une vie qui ne s'est jamais démentie un seul instant, animera ceux qui restent après lui à vivre dans le même esprit de foi et de dévouement.

« Issu d'une famille d'épée dont le sang a coulé pour la France sur vingt champs de bataille, le comte de Bizemont porta, lui aussi, les armes dans sa jeunesse. De cette vocation militaire, entravée et rompue par les événements, il avait gardé les qualités maîtresses, le grand désintéressement, le profond sentiment de l'honneur, l'amour passionné du pays, en même temps que les habitudes d'ordre, de discipline, le ton du commandement, une indomptable franchise, et parfois peut-être un peu d'aspérité de forme sous laquelle se cachaient la sensibilité la plus exquise, la plus cordiale et la plus affectueuse bonté.

« Dans les relations de famille et d'intimité, son âme savait s'épancher en une gaieté sereine, sans rien perdre jamais de sa dignité et de sa distinction natives.

« Au dehors, tous le connaissaient, tous le respectaient, tous le saluaient, mais ceux-là seuls qui l'ont vu et pratiqué de près, peuvent dire combien il fut aimant pour sa famille, dévoué aux amis qui furent l'un des charmes de sa vie. La plupart, hélas ! l'ont devancé là-haut : M. l'archiprêtre Garnier, M. Jules Richard, le colonel Pâqueron, M. Dupont, *le saint homme de Tours*, enfin et surtout notre illustre Cardinal, dont la perte demeure si cruellement sentie. Peut-être déjà lui font-ils fête au ciel, pendant que nous le pleurons ici-bas. Mais ce n'est pas sur lui que nous devons pleurer, c'est sur nous qui l'avons perdu ; nous ne le verrons plus, cet ami, ce modèle ; nous n'entendrons plus de sa bouche ces paroles que la prudence et la justice dictaient toujours, et rendaient si dignes d'être écoutées. Un grand sens des choses de la vie assurait la constante rectitude de ses jugements. On ne s'égarait jamais en suivant ses conseils.

« Prodigue de sa personne et de sa fortune, il n'était avare que du temps, mais il savait si bien économiser et utiliser ce trésor qu'on ne doit pas s'étonner de l'avoir vu toujours satisfaire à ses nombreuses fonctions.

« Il fut en même temps conseiller général, conseiller municipal, président de la Conférence de Saint-Vincent de Paul, membre du Bureau de bienfaisance et de la Société maternelle, administrateur des hôpitaux, trésorier de la Fabrique de la cathédrale, président du Comité des détenus libérés, etc.

« Habitué à une vie sobre et dure, levé dès cinq heures en hiver comme en été, il consacrait sa journée entière à servir Dieu dans les pauvres, et Dieu seul sait ce qu'un tel homme a fait, ce qu'il a répandu d'aumônes, soutenu de bonnes œuvres, consolé de misères ! On peut dire que la charité était sa vie. Son âme était toujours ouverte à la compassion, ses mains étaient toujours prêtes à donner.

« Les visites aux pauvres, aux malades, aux prisonniers, les familles réconciliées, les unions réhabilitées, les enfants légitimés, les malheureuses filles arrachées au vice et à l'infamie, ce sont là quelques traits à peine de cette vie consumée tout entière par les labeurs et les luttes de la charité; car souvent il fallait lutter, et il déployait, pour arracher des âmes au mal, la même activité, la même ardeur guerrière qu'il eût mises à enlever une place à l'ennemi. Prenant toujours pour lui les désagréments et les difficultés, il laissait les tâches les plus faciles et les plus consolantes à ceux que son exemple entraînait à sa suite.

« Sur tous ces héroïques travaux, il étendait soigneusement le voile d'une humilité aussi sincère que profonde. S'il nous était permis de lever entièrement ce voile, le monde comprendrait mieux encore le cri qui est sorti de tous les cœurs : « Quelle « perte! quelle perte irréparable! »

Irréparable surtout pour ses deux œuvres de prédilection, la Conférence de Saint-Vincent de Paul et l'Adoration nocturne, qu'il a présidées pendant de longues années. Il su admirablement maintenir la première dans les traditions de son berceau, pleine d'ardeur, de foi, de charité, mais en même temps modeste, tranquille, unie comme une famille, ouverte à toutes les bonnes volontés sans distinction d'âge, de fortune, d'opinion, sans autre signe de ralliement que la croix de Jésus-Christ et l'amour des pauvres.

« Dans la seconde, il prêchait d'exemple par son exactitude, allant à sa pieuse garde comme à une joyeuse fête, comme à la plus délicieuse des veillées. Paroissien fidèle et exemplaire, on le voyait chaque jour à la même heure aux pieds du tabernacle, dans cette cathédrale où revivaient pour lui tous les plus heureux et aussi les plus tristes souvenirs. C'étaient ses meilleurs moments de repos et les plus douces haltes de son infatigable activité.

« Les épreuves et les croix n'ont pas manqué à ce fervent chrétien. Longtemps avant de le rappeler à lui, Dieu fit passer son âme par le creuset de la souffrance. Déjà, la mort lui avait enlevé une épouse digne de lui, et une fille, religieuse de Notre-Dame, entrée toute jeune en possession de la meilleure part qu'elle avait choisie. Les revers de la patrie l'avaient plongé dans une amère tristesse, et depuis, hélas ! la mort du grand cardinal pour lequel il professait la plus haute sympathie et la plus filiale affection, les souffrances de l'Église, des ordres religieux et surtout de la Compagnie de Jésus à laquelle il avait été si fier de donner l'un de ses fils, l'outrage et le mépris déversés sur ce qu'il respectait et aimait, furent autant de coups dont Dieu se servit pour le détacher chaque jour davantage des affections qui le retenaient dans ce monde.

« Ses dernières années furent particulièrement saintes et fécondes. On eût dit qu'il avait hâte de grossir le legs de bonnes œuvres qu'il devait laisser après lui. Sa fin a été très prompte, presque subite, mais non pas imprévue. La préparation au grand passage était déjà depuis longtemps le sujet de ses réflexions devant Dieu.

« La mort est arrivée douce, miséricordieuse, presque sans agonie, le jour de l'Annonciation de Marie, dans le mois de saint Joseph.

« Jusqu'au dernier soupir, cette âme forte a gardé toute sa lucidité. Et si la parole ne lui a pas été laissée pour exhorter et bénir ses enfants, ils ont trouvé, écrite de sa main, cette dernière recommandation, qu'ils me permettront de rappeler ici à la gloire de leur père vénéré :

« Servez Dieu fidèlement, et soyez bien convain-
« cus qu'en dehors de Dieu il n'y a pas de vrai
« bonheur sur la terre. C'est lui seul qui m'a sou-
« tenu dans les épreuves difficiles que j'ai traver-
« sées. »

« Telle a été cette vie dont le souvenir restera pour nous un grand enseignement. Si Dieu a trouvé des taches dans ce juste, nous avons la confiance qu'elles sont effacées déjà par les larmes des pauvres, expiées par les prières filiales du Carmel, et que le fidèle serviteur est entré dans l'éternelle lumière.

« Ouvrier généreux de tant de saintes causes, puisse-t-il rester notre appui au sein du repos qu'il a conquis en les servant.

« Père si vigilant et si tendre, ami si plein de cœur et si sûr, puisse-t-il faire sentir sa protection à ses nobles fils, en qui nous le voyons revivre, et aussi à tant d'âmes dont il avait conquis la confiante amitié.

« Que tous ceux enfin qu'il a aimés ici-bas le suivent jusqu'au bout et soient fidèles au rendez-vous qu'il leur a donné près de Dieu. »

Lorsque, à onze heures et demie, le clergé de la cathédrale vint faire la levée du corps, le cortège, formé de près d'un millier d'hommes, traversa, pendant plus d'un quart d'heure, la foule respectueuse et émue qui occupait la place Saint-Pierre et exprimait de la façon la plus touchante les regrets que lui inspirait la perte de l'homme de bien auquel on rendait les derniers devoirs.

Le deuil était conduit par les quatre fils du défunt : le R. Père de Bizemont, de la Compagnie de Jésus ; MM. Anatole et Maurice de Bizemont, anciens officiers ; M. Emmanuel de Bizemont, ancien zouave pontifical.

Les coins du poêle étaient tenus par M. Ernoul, ancien ministre de la justice ; M. Merveilleux du Vignaux, premier Président de la Cour d'appel ; M. Malval, conseiller à la Cour ; M. le baron de Traversay, président du Comité catholique de Poitiers.

La nef centrale de la cathédrale, entièrement tendue de noir et au milieu de laquelle on avait dressé le catafalque, était complètement occupée par les hommes, tandis que les femmes et les délégations de plusieurs communautés religieuses remplissaient les chapelles et les nefs latérales.

La messe fut célébrée au grand autel, par M. l'archiprêtre, entouré des membres du Chapitre en habit de chœur.

Mgr Emmanuel de Briey, coadjuteur de l'Évêque de Meaux, de passage à Poitiers, assistait à la cérémonie, ainsi que le Très Révérend Père Dom Bourigaud, abbé mitré de Ligugé, MM. les vicaires généraux représentant Mgr Bellot, absent de Poitiers, et des délégués des RR. PP. Jésuites, Dominicains, Bénédictins, Frères des Écoles Chrétiennes et de Saint-Gabriel, et autres congrégations.

On remarquait également dans l'assistance un grand nombre d'hommes considérables par leur nom ou leur situation, d'anciens représentants du département, des conseillers généraux, des magistrats, des fonctionnaires de tous ordres, les représentants de la presse conservatrice, des délégués des Conférences de Saint-Vincent de Paul de la région, venus pour donner au défunt un dernier témoignage de respectueux hommage.

Après l'absoute, la plus grande partie du cortège qui avait accompagné le corps à l'église, se fit un pieux devoir de se rendre au cimetière, où se manifestèrent, d'une façon plus touchante encore, les sentiments de profonde douleur que tous les assistants partageaient avec la famille justement éplorée.

2° Lettre de condoléance adressée à la famille de M. le comte de Bizemont, de la part de M. le comte de Chambord.

Quelques jours après cette touchante cérémonie, Monsieur le comte de Chambord faisait adresser à M. le comte Anatole de Bizemont, fils aîné du défunt, la lettre suivante :

Goritz, 3 avril 1881.

Monsieur le comte,

La triste nouvelle que vous portez à la connaissance de Monseigneur le comte de Chambord, n'est point de celles qui pourraient le trouver insensible. Il n'ignore point quels étaient les sentiments de votre excellent père, son zèle pour la cause de Dieu et du roi, les bienfaits qu'il répandait autour de lui. Aussi Monseigneur veut-il que je vous dise toute la part qu'il prend à vos si justes regrets. Il vous prie d'être son interprète auprès des divers membres de votre famille. Puisse ce témoignage de royale sympathie apporter quelque allègement à votre douleur.

Monseigneur est vivement touché du dévouement dont votre lettre lui apporte l'hommage. Il sait que l'inébranlable fidélité de celui que vous avez perdu revivra dans ses fils. Plus que jamais il aime à y compter.

Agréez, Monsieur le comte, l'expression de mes sentiments les plus distingués.

Marquis DE FORESTA.

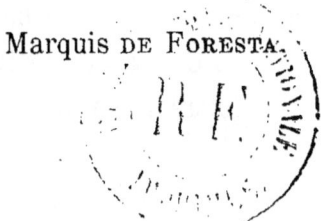

FIN DE L'APPENDICE

TABLE DES MATIÈRES

TABLE DES MATIÈRES

Introduction V

CHAPITRE I

La Famille de Blom. — François de Blom s'allie à la maison de Baudus. — Hugues de Baudus victime de la Révolution. — Son fils, émigré à Hambourg, travaille à la rédaction du *Spectateur du Nord*. — Il devient précepteur des princes Murat 1

CHAPITRE II

Naissance de Caroline de Blom (Madame de la Chevallerie). — Elle a pour marraine la reine de Naples. — Sa famille demeure attachée aux Bourbons. — Éducation première et entrée au pensionnat du Sacré-Cœur de Poitiers. 9

CHAPITRE III

Mademoiselle C. de Blom sort du pensionnat. — Ses occupations à Maugué. — Elle aime le monde, où elle brille par ses qualités. — Son mariage avec Monsieur Emmanuel de la Chevallerie. 15

CHAPITRE IV

M. Emmanuel de la Chevallerie. — Il reprend son épée pour répondre à l'appel de la duchesse de Berry. 24

CHAPITRE V

Une nouvelle épreuve. — La famille chrétienne. — Un accident de voiture. — Maladie de Gabrielle. — Sa guérison inespérée 27

CHAPITRE VI

Une vocation religieuse. — Générosité de M. et de Madame de la Chevallerie 37

CHAPITRE VII

Les Filles de la Charité. — Gabrielle choisit cet Institut. — Madame de la Chevallerie la présente elle-même. — Le Postulat et le Noviciat. — Visite d'une amie. 45

CHAPITRE VIII

Sœur Gabrielle est envoyée à Cambrai. — Mort de son père. — Douleur de Madame de la Chevallerie. — Elle va voir sa fille. — Nouveau sacrifice. . . . 53

CHAPITRE IX

Alexandrie. — Tendresse d'une mère. 63

CHAPITRE X

Les Filles de la Charité en Orient. — Sœur Gabrielle à Beyrouth. — Extraits de sa correspondance avec sa mère 77

CHAPITRE XI

Inquiétudes de Madame de la Chevallerie au sujet de son fils Olivier. — Blessé à Sedan, il écrit à sa mère. 87

CHAPITRE XII

Mariage de M. Olivier. — Fêtes et souvenirs de famille. — Une excursion à Tripoli. 91

CHAPITRE XIII

La mort d'un fils. — Regrets et consolations. . . . 103

CHAPITRE XIV

Changement dans les goûts de Madame de la Chevallerie. — Elle s'attache à Maugué. — Sa joie en apprenant que sa fille est de retour en France. — Ses lectures. 107

CHAPITRE XV

Appréciations sur Madame de la Chevallerie. — Ses occupations pendant les derniers mois de sa vie. 111

CHAPITRE XVI

Maladie de Madame de la Chevallerie. — Elle se rend à Paris. — Les derniers sacrements. — Pieux entretiens de la mère avec sa fille. — Travail de la grâce. 123

CHAPITRE XVII

Une heureuse visite 135

CHAPITRE XVIII

Les fêtes de Noël. — Le petit Jésus. — Le portrait d'un fils. — *Adeste, fideles.* — Une scène touchante.. 139

CHAPITRE XIX

Les adieux d'une mère. — Les prières des agonisants. — Une mort digne d'envie. 145

CHAPITRE XX

Les derniers devoirs. 153

CHAPITRE XXI

Quelques fleurs sur une tombe. 155

CHAPITRE XXII

Le baume de l'espérance chrétienne. — Épilogue. 171

APPENDICE

I

Aperçu généalogique sur la famille Hunault de la Chevallerie 177
Ancienneté de la famille Hunault. 177
Ses alliances avec les maisons les plus distinguées de sa province 178
Elle a produit des évêques, des magistrats et des savants 180
La famille Hunault se divisait en deux branches, dont la cadette est celle des H. de la Chevallerie . . 180
Sa filiation établie sur titres originaux 181
La famille H. de la Chevallarie à l'époque de la Révolution. — Réné-Gérard et Charles-Jean son fils ; leur glorieuse carrière militaire. — Un brevet de Chevalier de l'Ordre de Saint-Louis 184
Le soulèvement de la Vendée et le passage de la Loire. — Madame de la Chevallerie rallie l'armée vendéenne 188
Ch.-J. de la Chevallerie est nommé chevalier, puis officier de la Légion d'honneur 195
Il reçoit un morceau du cordon avec lequel le duc de Berry portait la décoration de la Toison-d'Or. . . 196
Sacre de Charles X. — Le colonel de la Chevallerie, à la tête d'un bataillon de son régiment, reçoit des éloges de la bouche même du Dauphin et de la Dauphine 197
M. de la Chevallerie quitte le service en 1830, ainsi que ses deux fils MM Emmanuel et Ulic. — Sa postérité 203

II

Le Psaume XXIIe *Dominus regit me.*—L'âme confiante sous la conduite du divin Pasteur. — Traduction et paraphrase 207

III

Documents relatifs à M. le comte de Bizemont, beau-frère de Madame de la Chevallerie 219
   1° Son éloge funèbre et le récit de ses obsèques. . 219
   2° Lettre de condoléance adressée à la famille de M. le comte de Bizemont, de la part de M. le comte de Chambord 229

ACHEVÉ D'IMPRIMER

A

AMIENS

PAR

M. JOSEPH ROUSSEAU

LE ONZE FÉVRIER MIL HUIT CENT QUATRE-VINGT-CINQ

EN LA FÊTE DE

SAINT ODON

ABBÉ DE CORBIE ET ÉVÊQUE DE BEAUVAIS

DIX-NEUVIÈME ANNIVERSAIRE DU BAPTÊME

DE

HUBERT DE LA CHEVALLERIE

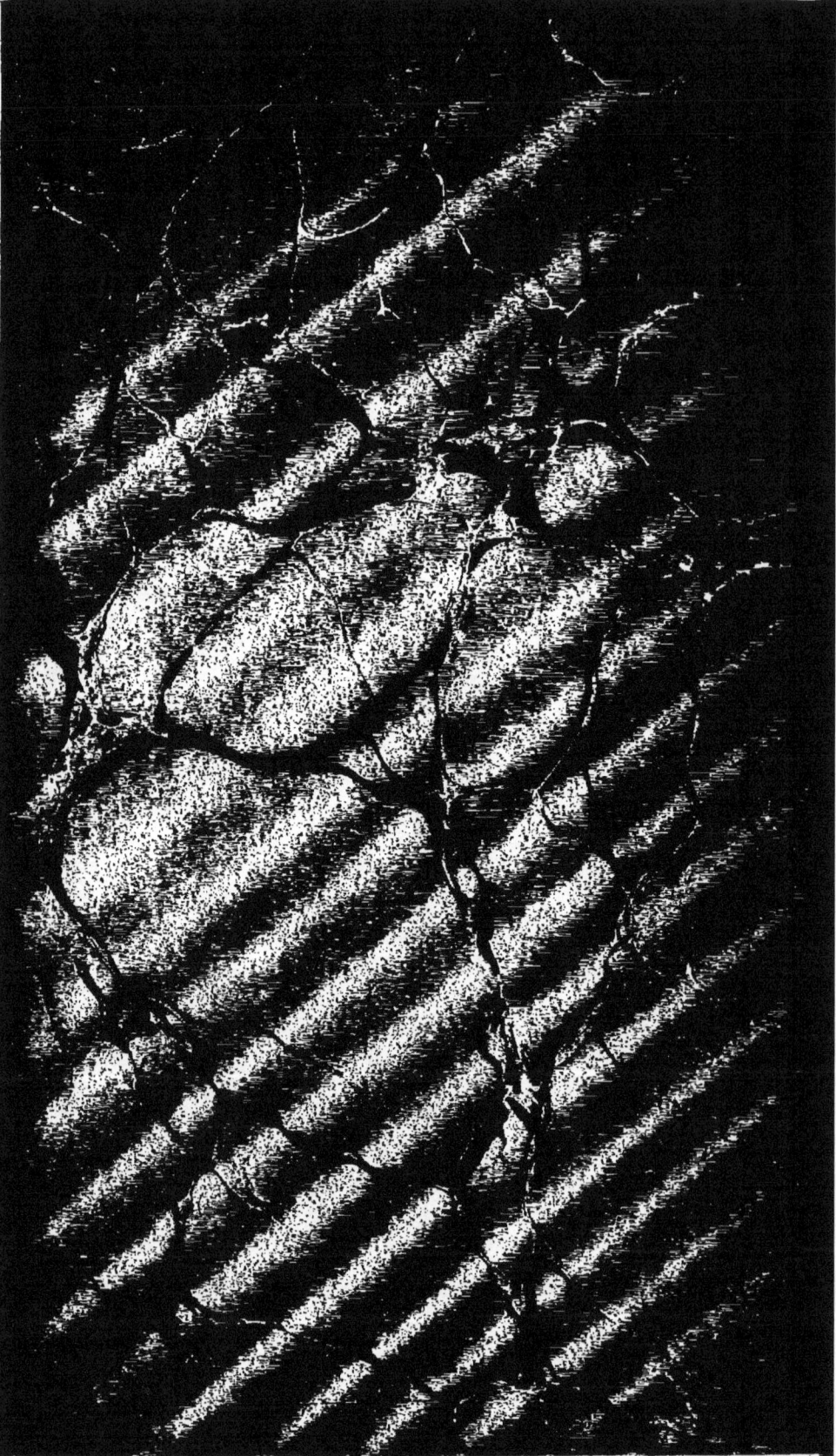

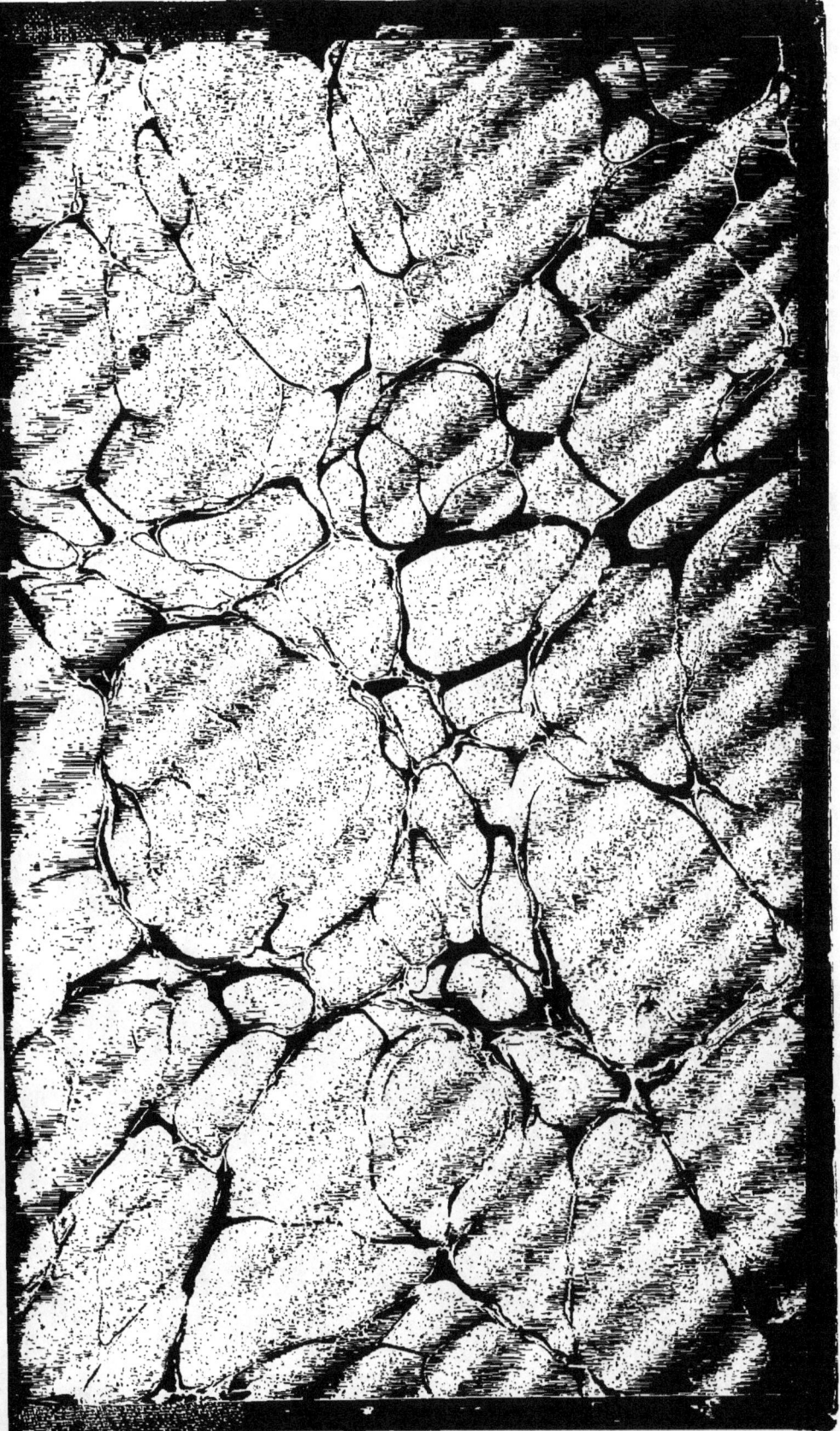

www.ingramcontent.com/pod-product-compliance
Lightning Source LLC
Chambersburg PA
CBHW050339170426
43200CB00009BA/1662